TRES PASOS PARA PARA DESPERTAR

*La vía de la expansión
de la conciencia*

OSHO

Título original: *Three Steps to Awakening, by Osho*

Traducción: Inmaculada Morales Lorenzo

Diseño de cubierta: Osho International Foundation

© 1965-2016 OSHO International Foundation, www.osho.com/copyrights

Publicado originalmente en hindi como Samadhu Ke Teen Charan. El material de este libro esta extraído de una serie de charlas impartidas por Osho ante una audiencia. El archivo de texto completo está disponible en la Biblioteca online OSHO en www.osho.com.library.

Publicado por acuerdo con OSHO INTERNATIONAL FOUNDATION. OSHO® es una marca registrada de Osho International Foundation, www.osho.com/trademarks.

De la presente edición en castellano:
© Gaia Ediciones, 2017
    Alquimia, 6 - 28933 Móstoles (Madrid) - España
    Tels.: 91 614 53 46 - 91 614 58 49
    www.alfaomega.es - E-mail: alfaomega@alfaomega.es

Primera edición: mayo 2019

Depósito legal: M. 6340-2019
I.S.B.N.: 978-84-8445-749-7

Impreso en España por: Artes Gráficas COFÁS, S.A. - Móstoles (Madrid)

«La verdad no puede estudiarse, solo puede experimentarse».

OSHO

Índice

Prefacio

DESPERTAR SIGNIFICA QUE EL SUEÑO ha acabado: no queda nada de lo conocido; se trata de un concepto difícil de definir, ya que el lenguaje pertenece al ámbito onírico. Cualquier comunicación que establezcas formará parte del lenguaje del sueño. Si te digo que obtendrás felicidad, pensarás en la felicidad que conoces dentro del sueño; si te digo que no sufrirás, también pensarás en el sufrimiento que conoces dentro del sueño.

Si piensas, no conseguirás; esta es la razón por la que todos los budas han guardado silencio. Cuando alguien les preguntaba acerca de lo que acontece tras el despertar, callaban; únicamente decían: «Despierta y descúbrelo por ti mismo», ya que se trata de un estado que trasciende tanto el lenguaje que conoces como la comprensión que ese mismo lenguaje hace posible. En ese estado no hay gozo ni dolor, no hay paz ni inquietud, no hay satisfacción ni insatisfacción ni nada de lo que conocías hasta ese momento. En ese estado no están las escrituras sagradas que conocías ni las ideas que te habías formado de lo divino ni tus nociones del cielo y el infierno. Cuando tú ya no estás, tampoco permanecen tus conceptos.

Hay algo que no puede describirse ni definirse. Si bien puedes llamarlo *Brahman*, *Vishnupad*, *jinpad* o budeidad, nada puede conocerse mediante estas denominaciones: únicamente podrás experimentarlo si despiertas. Aunque una persona muda no sea capaz de describir el sabor del azúcar, sí puede disfrutarlo.

¿Qué sucederá después del despertar? Saborearás lo divino; degustarás ese sabor que habías tratado de probar durante tus vidas pasadas sin éxito. Se trata de un sabor indescriptible. Si estás aburrido del modo en que has estado viviendo hasta ahora, es el momento de despertar; pero si despertar no te suscita el más mínimo interés, date la vuelta y vuelve a dormirte.

En todo caso, tendrás que despertarte algún día; el sueño no puede ser eterno ni un descanso definitivo, ni tampoco la oscuridad puede constituir la experiencia de la verdad última. Tarde o temprano habrás de levantarte, depende de ti cuándo hacerlo. Pero cuando despiertes te arrepentirás de no haberlo hecho antes, pues estaba tan cerca que bastaba con abrir la mano.

Osho
The Song of Ecstasy
(La canción del éxtasis)

CAPÍTULO 1

La libertad de la conciencia

ESTOY PENSANDO QUÉ ASUNTO abordar hoy. Hay tantos temas posibles y se producen tantos problemas en el mundo que es natural que vacile. Existen un gran número de escuelas de pensamiento, teologías y doctrinas sobre la verdad y me preocupa que mis charlas puedan aumentar la pesada carga que ya soporta la humanidad. Me cuesta decidirme a decir algo por temor a que mis palabras se queden adheridas en tu mente. Me inquieta que te aferres a ellas, que te resulten sumamente interesantes y que se instalen en tu interior.

El ser humano vive atribulado y angustiado debido a los pensamientos y las doctrinas, que son la causa de que la verdad nunca emerja. El conocimiento prestado y las opiniones ajenas que el hombre alberga en su interior suponen un obstáculo para la verdad. El conocimiento no se obtiene del exterior: cualquier cosa que se tome de fuera impide que la verdad asome.

Yo también soy un elemento externo y cualquier cosa que diga procederá igualmente de fuera, de modo que no deberías considerarlo conocimiento. No lo es. Lo que otra persona te aporte no puede ser tu propio conocimiento e incluso existe el riesgo de que tape tu ignorancia: puede cubrirla y ocultarla, y eso quizá te lleve a creer que sabes algo.

Cuando lees u oyes hablar sobre la verdad, crees que ya la conoces y de esta forma te incapacitas para poder alcanzarla.

Permíteme decirte antes de nada que cualquier cosa que proceda del exterior nunca podrá ser un conocimiento propio. Naturalmente, alguien podría preguntarme la razón por la que estoy hablando: ¿por qué hablo? Justamente yo estoy fuera y estoy diciendo algo. Lo único que deseo transmitir es que tomes todo lo que te llegue de fuera como un elemento externo y no lo consideres tu propio conocimiento, ya provenga de mí o de otra persona.

El saber constituye la auténtica naturaleza esencial de todo ser humano y para conocer esa naturaleza innata no es necesario buscar fuera. Si deseamos conocer qué hay en nuestro interior, hemos de desaprender y dejar de lado todo aquello que hayamos incorporado del exterior.

Aquellos que desean conocer la verdad han de apartar las escrituras sagradas; quien se aferra a ellas —y todos nosotros lo hacemos— no puede alcanzar la verdad; los problemas del mundo se deben a este aferramiento a los libros sagrados. ¿Quiénes son los hindúes, los musulmanes, los jainistas, los cristianos o los parsis? ¿Qué los hace luchar entre sí? ¿Qué los separa?

Los libros sagrados. La humanidad está dividida porque unas personas se aferran a ciertos textos y otras, a otros, que se han vuelto tan valiosos que podemos llegar a matar por su causa. Durante los pasados tres mil años, millones de personas han muerto debido al gran valor que hemos conferido a los libros. Dado que se han vuelto dignos de adoración, menospreciamos, rechazamos y apagamos la divinidad que existe en nuestro interior. Esto es lo que ha sucedido y aún sigue sucediendo en nuestros días.

El muro que separa a una persona de otra está hecho de escrituras sagradas. ¿Te has preguntado de qué manera esos textos que separan a un ser humano de otro podrían unir al hombre con la existencia? ¿Cómo eso que distancia a las personas podría convertirse en una escalera que conecte al ser humano con la existencia? Creemos que quizá podamos encontrar algo en esos textos y realmente lo hacemos: descubrimos definiciones de la verdad que nos aprendemos de memoria. Entran a formar parte de nuestra memoria y eso nos parece conocimiento.

Pero la memorización no es conocimiento; aprender algo y memorizarlo no es saberlo. El surgimiento del saber es algo completamente diferente que revoluciona la vida. Con el entrenamiento de la memoria alguien puede convertirse en erudito, pero no experimenta el despertar de la sabiduría.

No tengo intención de cometer el pecado de impartir una conferencia. Quienes disertan sobre un asunto son agresivos y pecan, pero no es ese mi propósito: solo estoy aquí para compartir algunas cosas contigo, no porque debas creértelas; cualquiera que te diga que debes creer en algo es tu enemigo; cualquiera que te exhorte a tener fe o creer será letal para ti, pues representa un obstáculo para el despertar de tu inteligencia y te impedirá avanzar.

Somos creyentes desde hace mucho tiempo y nuestro mundo es el resultado de ello; pues bien, ¿puede haber un mundo más viciado y corrupto que este? Aunque llevamos creyendo durante tanto tiempo, ¿puede el ser humano estar peor de lo que está en nuestros días?, ¿pueden estar más corrompidos nuestros cerebros?, ¿puede haber más dolor, tensión y angustia de la que hay en la actualidad? Hemos abrigado creencias durante largo tiempo y el mundo entero cree en algo —unos en este templo, otros en esa mezquita o en aquella iglesia; unos en este libro y otros en un libro diferente; unos en este profeta y otros en un profeta distinto—. Toda la humanidad cree en algo y, aun teniendo esas creencias, el resultado es el mundo en que vivimos.

Algunos podrían afirmar que esto se debe a la falta de fe. Pero ¡ojalá la existencia erradique todas esas creencias por completo! Si el nivel de creencia fuera absoluto, el ser humano estaría acabado, porque su inteligencia se habría destruido. La creencia va en contra de la inteligencia. Siempre que alguien te diga que te creas sus palabras, lo que está queriendo expresar realmente es que no necesitas caminar por ti mismo. Siempre que alguien te pida que tengas fe, está diciendo: «¿Para qué necesitas ojos si tienes los míos?».

Conozco un relato...

En un pueblo vivía un hombre que había perdido la visión. Se trataba de un anciano de alrededor de noventa años. Todos los miembros de su familia —y tenía ocho hijos— le insistían en que se tratara los ojos pues los médicos habían confirmado que podía curarse.

El anciano replicaba:

—¿Para qué necesito ojos? Entre mis ocho hijos suman dieciséis ojos y entre sus ocho esposas suman otros dieciséis. En total hay treinta y dos ojos que ven por mí; ¿por qué habría de necesitar ojos? ¿Para qué? Puedo vivir bien siendo ciego.

Aunque sus hijos siguieron instándole a recibir un tratamiento, fue inútil. El anciano no daba su brazo a torcer. Seguía diciendo:

—¿Para qué necesito ojos? Ya tengo treinta y dos en mi casa.

Pasó el tiempo y un día un fuego se extendió por toda la casa. Los treinta y dos ojos huyeron dejando dentro al nonagenario ciego; todos habían salido corriendo mientras él permanecía en el interior de la casa en llamas. Fue entonces cuando el anciano se dio cuenta de que únicamente podían ayudarle sus propios ojos, no los ajenos.

Solo resulta útil la propia inteligencia, no las creencias transmitidas por otros. En la vida estamos rodeados por el fuego todo el tiempo: el fuego de la vida nos envuelve las veinticuatro horas del día y solo pueden ayudarte tus propios ojos, no los de otra persona, ni los de Mahavira ni los de Buda ni los de Krishna ni los de Rama. Insisto: los ojos ajenos no pueden ayudarnos.

Pero los sacerdotes, los mercaderes de la religión, la gente que explota en nombre de unas creencias predican que tengas fe: «¿De qué sirve la inteligencia?, ¿por qué necesitas pensar por ti mismo? Ya dispones de pensamientos; los pensamientos divinos están a tu disposición: deberías creer en ellos».

Pues bien, a pesar de habernos creído esos pensamientos hemos caído más y más bajo. Nuestra conciencia no ha dejado de descender. Ninguna conciencia puede elevarse por medio de la creencia; de hecho, creer constituye un auténtico suicidio. Yo no te animo a creer en algo, sino a liberarte de toda creencia.

Alguien que desee experimentar la verdad, que desee acercarse a lo divino, que anhele experimentar la luz y el amor divinos debería recordar que la primera condición consiste en estar libre de toda clase de creencias. La libertad —la libertad de la conciencia y de la inteligencia— constituye la primera condición para alcanzar la verdad. Alguien que no haya liberado su conciencia podrá saber de todo lo demás, pero nunca conocerá la verdad. La libertad de la conciencia resulta esencial para cruzar el umbral de la verdad.

Las creencias son elementos vinculantes que te esclavizan. Los diferentes credos, libros sagrados y doctrinas te aprisionan y te hacen esclavo. Resulta sorprendente: naces en un hogar concreto que por casualidad es hindú o musulmán y ya perteneces a esa fe de nacimiento. Para el resto de tu vida dirás: «Soy hindú; soy musulmán; soy cristiano; soy jainista». Pero ¿puede adquirirse el conocimiento de este modo? ¿Tienen los lazos sanguíneos o el lugar de residencia alguna relación con el conocimiento? Si la gente pudiera volverse religiosa a causa del lugar de nacimiento, el mundo entero sería religioso a estas alturas. Precisamente, la irreligiosidad imperante es la prueba de que la religión no puede ir asociada al nacimiento, aunque todos nosotros hayamos adquirido una religión de este modo. Entrar a formar parte de una religión desde el nacimiento constituye la raíz del problema; debido a esto, la religión no es capaz de descender a la tierra.

Nadie es religioso de nacimiento, sino que nos volvemos religiosos a lo largo de la vida. Nadie puede profesar una fe o creencia vinculada a su nacimiento. Antes de que nuestra inteligencia pueda despertar, la sociedad, nuestra familia, nuestros padres, los profesores y los sacerdotes nos atan con creencias. Antes de que nuestra inteligencia pueda volar por el cielo abierto, las cadenas de las creencias

la tiran hacia abajo y la encadenan a la tierra, por lo que nos move-
mos con dificultad el resto de nuestra vida. Somos incapaces de
pensar. Alguien que tiene una creencia no puede pensar, porque
siempre verá las cosas desde la perspectiva de esa creencia. Todo su
pensamiento será parcial y estará ligado a sus ideas preconcebidas;
sus pensamientos serán prestados y falsos, pues no serán suyos.

Un pensamiento y una inteligencia que no son de uno mismo
son falsos; no hay verdad en ellos ni ofrecen una base real sobre la
que construir la vida.

A menudo pregunto a la gente lo siguiente: «Además de un
sinnúmero de creencias, ¿tienes algún pensamiento?». Suelen con-
testarme: «Sí, tengo muchos pensamientos», y yo añado: «¿Alguno
de ellos es tuyo o todos proceden de otras personas?».

¿Puede la riqueza de otros aportar vitalidad a tu vida? La riqueza de nuestro pensamiento la hemos tomado prestada de otros y les
pertenece a ellos. Esto constituye la primera esclavitud de la mente.
El nacimiento de un ser humano nuevo solo es posible cuando su
mente se ha liberado de todos los pensamientos y conceptos prestados. Así pues, considero la libertad el elemento más importante.

Las personas que desean iniciar la búsqueda de la verdad, aque-
llas en quienes se ha despertado la sed de conocer el sentido de la
vida y el anhelo de descubrir el propósito de esta vasta existencia y
todo lo que nos rodea…; las personas que quieren conocer qué es
ese éxtasis, esa dicha y qué es lo divino han de recordar que el primer paso consiste en liberar su conciencia. Si desean alcanzar la libertad última, lo primero que deben hacer es sentar las bases de esa
libertad.

Todos estamos atados; todos estamos ligados a una creencia u
otra. ¿Por qué sucede esto? Porque para saber es necesario tener
coraje y esforzarse.

Para creer, en cambio, no se requiere nada de eso. Para albergar
una creencia no se necesita ninguna clase de esfuerzo ni de práctica
espiritual. Para tener fe en alguien has de carecer de valor, de esfuerzo y de disciplina. Necesitas ser sumamente perezoso y proclive a la

inercia; de este modo, la creencia surge de forma natural. Quien no desea buscar por sí mismo se cree lo que otros dicen y da por sentado que lo que aprende de ellos es correcto.

Se trata de gente que no muestra reverencia por la verdad y que confía en las doctrinas comunes sobre ella; alguien que no siente una sed genuina por la verdad se cree con facilidad pensamientos que proceden de otros. Por el contrario, alguien que siente un anhelo verdadero no estará constreñido por ninguna religión, doctrina o secta, sino que buscará y descubrirá por sí mismo, con toda su energía vital; quien busque la verdad de este modo sin duda la hallará. Sin embargo, el creyente no solo se pierde la oportunidad de vivir: tampoco encuentra la verdad.

Alcanzar la verdad requiere esfuerzo y disciplina, pero en lugar de eso optamos por creer al sentirnos atemorizados. Nos rendimos a los pies de alguien y tomamos su mano en busca de una explicación de la vida; deseamos cruzar el río y ser elevados con la ayuda de un gurú, un sabio o un santo. Pues bien, eso sencillamente no es posible; de hecho, no hay nada más imposible que eso.

La libertad es una condición esencial en lo concerniente a la conciencia.

¿Cómo puede ser libre nuestra conciencia?, ¿cómo liberarla?, ¿cómo poner en libertad una mente aprisionada? Me gustaría que tratáramos ampliamente este tema durante tres o cuatro sesiones. El mayor problema al que se enfrentan los seres humanos es la liberación de la conciencia. El asunto que debe abordarse no es la existencia de Dios, sino la libertad de la conciencia.

La gente suele preguntarme si Dios existe y yo respondo: «Olvídate de Dios; dime, ¿es libre tu conciencia?». Si alguien me preguntara si existen el cielo o el Sol, ¿qué debería responder? Le preguntaría: «¿Tienes los ojos abiertos?». Aunque el Sol existe, la cuestión es si esa persona tiene los ojos abiertos para poder verlo. Del mismo modo, aunque lo divino existe, la conciencia ha de estar abierta para percibirlo. ¿Cómo podrán ver lo divino una mente limitada y unos ojos cerrados?

Una persona que está obsesionada con sus creencias tiene una mente limitada y los ojos cerrados. Cuando alguien tiene una idea preconcebida sobre algo, su mente ya se ha cerrado antes de llegar a conocerlo. Esa persona ha cerrado sus puertas. Entonces pregunta: «¿Hay un Dios?, ¿existe la verdad?».

Para una mente restringida no existen ni Dios ni la verdad. Pero la cuestión fundamental no es si Dios existe, si el alma existe o si la verdad existe. El verdadero problema es el siguiente: ¿tiene esa persona una conciencia capaz de saber? Sin esa clase de conciencia no es posible tener una vida plena ni desentrañar el significado de la existencia. Solo quien posee una inteligencia completamente libre y ha adquirido la capacidad de percibir es capaz de saber.

¿Cómo podemos dirigir la conciencia hacia la liberación última? ¿Cómo podemos abrir sus puertas y ventanas para que la luz del sol penetre? ¿Cómo podemos abrir los ojos para poder ver aquello que es? Siempre que comenzamos a creer en algo, nuestros ojos se cubren con un velo que impide que veamos aquello que es y empezamos a ver aquello que creemos.

Hay gente que ha tenido una visión de Krishna, de Rama o de Cristo. Esas experiencias son posibles. Cuando creemos en algo y esa fe tiene un gran protagonismo en nuestra mente, cuando lo recordamos todo el tiempo y nos hipnotizamos con ello por medio de ayunos y austeridades, cuando no dejamos de pensar en ello y llegamos a obsesionarnos, entonces podemos tener una visión que no tendrá nada que ver con la verdad, sino que será un producto de nuestra imaginación. Se tratará de una visión de nuestros pensamientos y creencias. Será un sueño creado por nosotros mismos. La gente que profesa diferentes religiones tiene distintas visiones por todo el mundo, pero ninguna de ellas es real.

Para enfrentarnos cara a cara con la verdad y conocer lo divino tal como es, hemos de deshacernos de nuestros conceptos e imaginaciones; hemos de dejar que nuestras fantasías se evaporen y nuestros pensamientos desaparezcan, y ser capaces de mirar sin albergar ninguna creencia. Una visión que está libre de creencias es una visión de la verdad, en tanto que una visión basada en creencias no es más que una proyección de nuestra imaginación. Esa clase de experiencia no es ninguna visión religiosa, sino que se trata de una proyección de nuestros sueños e imaginaciones. No constituye una vivencia real: ha sido preparada y fabricada por la mente; la hemos producido nosotros mismos.

A pesar de que un gran número de personas ha experimentado una visión de Dios, se trata de una experiencia falsa por la sencilla razón de que Dios no tiene forma; la verdad no tiene forma ni atributos. Para conocer la verdad que lo impregna todo hemos de volvernos plenamente silenciosos y vacíos.

Si permanecemos en un estado de conciencia sin elección, simple y sereno, si no fluyen pensamientos ni se crean sueños en nuestra mente… Si nuestra conciencia está en absoluto silencio, en ese silencio, ¿qué sabremos?

En ese silencio puede conocerse algo; en ese vacío se establece un contacto con algo; en esa paz conectas con un estado divino. Ese contacto, esa conexión, esa comprensión, esa conciencia, esa percepción es la experiencia de lo divino y de la verdad.

Para alcanzar esto, como he mencionado antes, es imprescindible la liberación de la conciencia. La mente debe estar libre de creencias; el polvo de las religiones y las doctrinas ha de apartarse y eliminarse.

Nos obsesiona y abruma la carga de pensamientos, doctrinas y libros sagrados que descansan sobre nosotros y nos aplastan. Los seres humanos llevamos pensando durante los últimos cinco mil años y el peso de todos esos años de pensamiento se apoya en el cerebro de una pequeña persona. Cargamos el peso de todos los pensamientos generados durante cinco mil años. Debido a ese peso, nuestra conciencia no puede ser libre ni elevarse. Cada vez que pensamos comenzamos a dar vueltas en torno a esa carga; recorremos el mismo trayecto una y otra vez por los surcos que han ido creándose. Nuestra mente da vueltas y vueltas como un búfalo atado a una cuerda que gira en torno al mismo pozo.

Antes de que alguien pueda adentrarse en el mundo descono-
cido de la verdad es esencial que abandone todo lo conocido hasta
ese momento. Debe deshacerse de todo lo que conoce para que
pueda nacer un saber verdadero; ha de despojarse de todas las creencias anteriores para poder ver lo que es.

Seguramente habrás observado un depósito de agua alguna vez.
Está lleno de agua que procede de fuera. Consiste en una superpo-
sición de ladrillos unidos con cemento en forma circular que se
llena con agua procedente del exterior. También habrás visto el agua
de un pozo. De él se han extraído el barro y las piedras, y el agua de
un manantial asciende desde el fondo. El agua del depósito se dete-
riorará en unos pocos días al ser agua estancada; en cambio, el agua
del pozo que brota de un manantial siempre se mantiene fresca. El
pozo tiene una profunda conexión con su manantial, que dispone
de abundante agua y está conectado con el mar en última instancia;
pero el depósito no está en conexión con nada pues contiene agua
que ha sido traída de otro sitio. El pozo está conectado con el océano y no contiene nada externo.

De la misma forma, existen dos tipos de conocimiento. Uno es
el conocimiento del depósito, que está lleno de elementos ajenos y
se deteriora pronto. Ningún cerebro está más dañado que el del
erudito. Este se vuelve incapaz de pensar correctamente y se halla
en un estado de parálisis. Su interior está repleto de elementos externos que él repite una y otra vez como una máquina. Las conferencias de un erudito son sumamente mecánicas: puedes preguntarle cualquier cosa, pues ya sabe qué contestar; antes de plantearle un
interrogante ya conoce la contestación, pues acumula respuestas
procedentes del exterior.

En Occidente —y puede que pronto también en la India—
han inventado máquinas en las que puedes introducir preguntas y
ellas te dan la respuesta. Así pues, ya no habrá necesidad de eruditos porque existirán máquinas en las que se habrán incorporado las
preguntas y las respuestas previamente. Puedes introducir las preguntas, indicar que deseas la respuesta para la quinta pregunta y la

máquina te dará la respuesta. Dado que la máquina te proporcionará la respuesta, no habrá necesidad de eruditos: una máquina puede desempeñar esta tarea con mayor eficiencia. Las máquinas presentan otro beneficio: no hacen que una persona se pelee con otra, no crean ningún conflicto. No hacen que un erudito se enfrente a otro. Las máquinas no están en pugna: únicamente te dan la respuesta.

El conocimiento que proviene del exterior resulta letal, ya que no libera el cerebro, sino que lo condiciona y fragmenta. Le impide volar al destrozarle las alas.

Existe otra clase de conocimiento que procede del interior, como el agua del pozo. En un pozo has de extraer el barro y las piedras, mientras que en un depósito los unes con cemento. En el primero, el agua brota por sí misma, mientras que el segundo ha de ser llenado con agua. El proceso de construcción de uno y otro es completamente diferente.

¿Recopilas información del exterior como un depósito? Si lo haces, has de tener cuidado: estás destruyendo tu inteligencia con tus propias manos. Estás atando tu cerebro —que podría volar hacia lo divino— al suelo.

No acumules información externa. Deja que el conocimiento brote de tu interior. Para ello, has de extraer todo el barro y las piedras que has ido guardando. Deshazte de toda la información que has almacenado y vuélvete simple. Si lo haces, descubrirás que aparece una nueva energía: algo nuevo comenzará a gestarse.

Es fácil renunciar a la riqueza, pero hacer lo mismo con los pensamientos no es tan sencillo. Resulta sumamente complicado desechar los pensamientos. Te preguntarás cómo puede hacerse. Cuando un hombre se hace monje renuncia a su riqueza, su casa, sus allegados y deja a su mujer y a sus amigos, pero mantiene los pensamientos con los que se identificaba, sigue aferrado ellos. Si era jainista dice: «Soy un monje jainista»; si era musulmán dice: «Soy un monje musulmán»; si era cristiano dice: «Soy un monje cristiano». Continúa aferrándose a los pensamientos de antes y renuncia a todo lo demás. Aunque el hogar al que ha renunciado está fuera de él, los pensamientos asociados permanecen en su interior y le resulta complicado dejarlos.

Quien abandona sus pensamientos es capaz de conocer la verdad. Solamente por renunciar a su hogar nadie tiene acceso a la verdad; los muros de una vivienda no constituyen barreras para alcanzar la verdad. Aunque yo esté sentado en una u otra casa, las paredes no son un obstáculo para la verdad. La persona con la que esté sentado o el lugar en el que me encuentre tampoco serán un obstáculo. Solamente existe un impedimento para conocer la verdad y es el muro interior de los pensamientos.

Destruir los pensamientos es realmente complicado. La afirmación de que deberías abandonar los pensamientos plantea algunos interrogantes: ¿cómo deshacerse de los pensamientos?, ¿cómo pueden irse? Están siempre ahí, ¿cómo vas a olvidarte de lo que has aprendido?

Desde luego, existe un modo de olvidar todo lo aprendido. Existe un modo de dispersar todo lo acumulado. Existe un modo de soltar lo que se ha incorporado en el interior y es precisamente el mismo método utilizado para su introducción. El método es siempre el mismo. Para bajar utilizamos los mismos peldaños que hemos usado para subir. El método no varía yendo o viniendo, solo se produce una diferencia en la dirección, tan solo hay que mirar hacia otro lado.

Todos los métodos empleados para acumular pensamientos pueden cambiarse si miramos en la dirección opuesta. ¿Cómo hemos reunido pensamientos? El elemento más importante y profundo por el que se almacenan los pensamientos es el apego: el sentimiento de que nos pertenecen, la impresión de que son nuestros.

¿Acaso algún pensamiento te pertenece? Si empiezo a discutir contigo me dirás: «Mis pensamientos son correctos». Reflexiona un poco, ¿de verdad algún pensamiento te pertenece?, ¿o proceden todos del exterior?

No tiene sentido afirmar que un pensamiento es «mío». Incluso la gente religiosa que dice: «Esa mujer no es mía, esos niños no son míos, esa casa no es mía», afirma: «Esta es mi religión», e incluso:

«Mi pensamiento, mi filosofía». No son capaces de soltar el apego en el ámbito del pensamiento. El sentimiento de lo «mío» no desaparece. Quienes no son capaces de abandonar el sentimiento de apego en ese nivel no pueden deshacerse del apego en ningún otro nivel. No importa cuántas veces repitan «esa mujer no es mía»: en el fondo sienten «ella es mi mujer».

Swami Ramateertha regresó a la India después de haber estado enseñando por toda Europa y Estados Unidos acerca de la verdadera esencia de las cosas, y su mensaje había llegado a mucha gente. Millones de personas lo habían escuchado y venerado. Cuando volvió a la India pasó unos días en el Himalaya. Su mujer fue a visitarlo, pero él se negó a recibirla. Dijo: «No quiero verla».

Sardar Pooran Singh, quien vivía con él, se quedó muy sorprendido y le dijo: «Nunca te he visto negarte a recibir a una mujer. En el extranjero fueron a verte miles de mujeres y nunca te negaste a ello. ¿Por qué no quieres ver a esta?, ¿de algún modo sigues considerándola tu esposa? La dejaste y te fuiste. En realidad, estás oponiéndote a que te visite tu esposa».

No cabe duda de que en cierta manera este maestro seguía considerándola su esposa, ya que nunca se había negado a recibir a otras mujeres.

Mientras estés apegado a los pensamientos no deberías alimentar la ilusión de que puedes soltarlo todo. El verdadero aferramiento y la verdadera carga es la del pensamiento. Todo lo demás es externo y no te atrapa, solo el pensamiento tiene ese poder; es ese círculo del pensamiento, esa pesada carga del pensamiento la que te lleva a creer que sabes algo. Merece la pena que te preguntes: «¿Alguna parte de él me pertenece?».

Había una vez un famoso monje a cuya comunidad acudió un joven buscador. Durante varios días, el joven escuchó con atención todo lo que el anciano monje tenía que decir, lo cual era bastante poco. Así pues, el principiante se cansó enseguida de escuchar lo mismo una y otra vez y pensó: «Mejor dejo este lugar, parece que no hay mucho que aprender aquí».

Justo acababa de incorporarse un nuevo monje en el monasterio y esa noche dio un gran discurso que resultó maravilloso, serio, sutil y profundo.

Al escuchar sus palabras, el joven se dijo: «Así es como debería ser un maestro; ¡posee un conocimiento tan amplio, serio y profundo! El viejo monje conoce unas pocas cosas y nada más». También pensó que el anciano debía haberse entristecido al escuchar las elocuentes palabras del recién llegado. «El viejo monje no sabe nada. Ha malgastado su vida».

Cuando hubo concluido la charla, el orador miró a su audiencia para ver la impresión que había causado. También dirigió la mirada al anciano monje, quien le dijo:

—He estado escuchándote con atención durante dos horas, pero me he dado cuenta de que no has hablado en absoluto.

—¿Estás loco? Llevo hablando dos horas mientras todos los demás guardaban silencio, ¿y dices que me has escuchado durante dos horas y que no he dicho nada? —replicó el monje orador.

—Desde luego que te he escuchado con atención, pero no has dicho nada. Todo lo que has mencionado lo has tomado de otros. No había ningún pensamiento nacido de tu propia experiencia. Por esta razón afirmo que no has dicho nada. Aunque otros hablaban a través de ti, tú no hablabas —contestó el anciano monje.

Para alcanzar la liberación del pensamiento y el despertar de la inteligencia es necesario tomar conciencia de lo siguiente: «Ningún pensamiento es mío». Llamar «mío» a un pensamiento que no te pertenece es mentir. Ningún pensamiento es «tuyo». Has de eliminar la identificación con los pensamientos.

Comenzamos a identificarnos con cada pensamiento. Decimos: «El jainismo es mi religión; el hinduismo es mi religión; Rama es mío; Krishna es mío; Cristo es mío». Nos identificamos con los pensamientos.

Y esto es realmente sorprendente porque ningún pensamiento ni ninguna religión te pertenecen. Has de tomar conciencia de este hecho: «Ningún pensamiento es mío». Si esparces todos tus pensamientos verás que todos proceden de algún sitio. Al igual que los pájaros descienden al anochecer a los árboles para cobijarse en el nido, los pensamientos buscan cobijo en la mente. Eres como una pensión donde los huéspedes entran y salen.

Recuerdo una historia que tuvo lugar en una pequeña posada…

A esta posada llegó gente para pernoctar y otro grupo de personas, que había terminado su trabajo, se marchaba. Fuera de la casa estaba sentado un místico que se reía. Uno de los recién llegados le preguntó:

—¿Por qué te ríes?

El místico le contestó:

—Observar esta posada me recuerda a mi mente, por eso me río.

Del mismo modo, los pensamientos vienen y van. La mente no es sino una posada y ningún pensamiento le pertenece. La mente es una casa de huéspedes en la que los pensamientos entran y salen.

Observa tu mente atentamente y te darás cuenta de ello. Los pensamientos que tuviste ayer ya no están hoy; los pensamientos de antes de ayer ya no están hoy; los pensamientos que tuviste hace un año ya no están hoy; los pensamientos que tuviste hace diez años ya no están hoy ni tampoco quedan señales de los pensamientos que tuviste hace veinte años. Ya tengas cincuenta, cuarenta, treinta o veinte años, mira atrás: ¿cuántos de los pensamientos que han pasado por tu mente durante esos veinte años permanecen hoy? Los pensamientos han venido y se han ido. Eres solo una posada, un lugar de descanso. Consideras que son tuyos por error y al pensar que son tuyos comienzan a ejercer control sobre ti y empieza a erigirse un muro hecho de pensamientos.

Lo primero que has de recordar para liberar tu conciencia es que ningún pensamiento te pertenece. Si los pensamientos no son tuyos y simplemente vienen y van, ¿quién eres tú? Realmente no eres sino un testigo, un observador, alguien que ve los pensamientos.

Nos identificamos incluso cuando vemos una representación teatral o una película. Ante una escena triste se nos saltan las lágrimas, y esto no es solo aplicable a la gente corriente.

En Bengala había un gran pensador llamado Ishwar Chandra Vidyasagar a quien se consideraba una fuente de sabiduría. Iba a representarse una obra de teatro en Calcuta y él acudió a verla. En la obra había un personaje que debía mostrarse abusivo y violento hacia una mujer y que comenzaba a propasarse con ella. Vidyasagar, que estaba viendo la representación, se enfureció tanto con el actor que se quitó un zapato y se lo lanzó, ¡y eso que era considerado un dechado de sabiduría! Pues bien, este gran sabio golpeó al actor con el zapato.

El actor debía de ser más sabio que él, pues recogió el zapato, hizo una reverencia y dijo:

—Mi actuación ha sido tan realista que he conseguido engañar a un hombre tan grande como tú. Este será mi trofeo el resto de mi vida. Nunca he recibido mayor recompensa por mi trabajo. Significa que he triunfado en mi profesión.

Más tarde, Vidyasagar se sintió sumamente avergonzado y dijo:

—¿Cómo he podido cometer semejante error? Me he olvidado por completo de que se trataba de una representación teatral y me he identificado con ella.

En esta vida, incluso en el ámbito del pensamiento, somos meros observadores, testigos de los pensamientos que aparecen y desaparecen en la pantalla de la mente. El problema es que nos identificamos con ellos.

Recuerda... Por la noche tuviste un sueño y por la mañana te despertaste; comentaste que los sueños vienen y van, y después viviste un día más. Fuiste un niño y atravesaste la infancia; te convertiste en un hombre joven y después en viejo. Trata de recordar: ¿cuál es el elemento eterno que permanece presente en tu interior?, ¿qué ha estado continuamente presente?

Con la excepción del testigo, nada permanece. Todo lo demás viene y va. La infancia viene y va, la vejez viene y va. El nacimiento sucede, la muerte sucede; la felicidad sucede, la infelicidad sucede; la luz del sol sucede, la oscuridad sucede; el respeto sucede, la ofensa sucede; todas estas cosas aparecen y desaparecen.

¿Cuál es el único elemento de tu vida que nunca viene ni va? Solamente el testigo. No puede haber nada más que observe todos estos fenómenos: la salida y la puesta de sol, la entrada en la juventud y la vejez, la aparición y desaparición de los pensamientos. Con la excepción del testigo, todo lo demás en tu interior es pasajero, ningún otro elemento permanece. Solo queda una cosa: la capacidad de observar y de ser el observador, el estado de testigo.

Sé un testigo del ámbito del pensamiento; observa el pensamiento sin aferrarte a él. Obsérvalo solamente como testigo.

No somos capaces de hacerlo porque creemos que algunos pensamientos son buenos y otros malos. Queremos quedarnos con los positivos y apartar los negativos, esta es la razón por la que no somos capaces de observar como testigos. Quien diferencia entre buenos y malos pensamientos y desea aferrarse a unos y eliminar los otros, quien establece la diferencia entre lo bueno y lo malo no puede ser un testigo.

Un pensamiento es solo un pensamiento y no es ni bueno ni malo. Un pensamiento no es ni bueno ni malo: un pensamiento es solo un pensamiento. En el momento en que alguien dice bueno o malo, se aferra a uno y rechaza el otro. Pero quien coge uno y descarta el otro debería entender que eso que considera bueno o malo constituye las dos caras de la misma moneda. Si se queda con lo bueno, lo malo también permanecerá y si elimina lo malo, también destruirá lo bueno, pues son dos aspectos indisolubles.

Los pensamientos están conectados unos con otros; por ello, no creas que esa persona a la que consideras buena no alberga malos pensamientos: sí lo hace. No es posible encontrar a alguien bueno que no tenga malos pensamientos y viceversa.

Y sí, existe el ser humano sin pensamientos. Se trata de un estado completamente distinto. Aunque ahora no estoy abordando este punto, la persona sin pensamientos existe; no es ni buena ni mala, se ha elevado por encima de los demás seres humanos, ha trascendido el bien y el mal. Yo lo llamo un místico y solo él conoce la verdad.

Quien se aferra al bien debería recordar que el mal sigue existiendo en él. Te sorprenderá saber que lo que el malvado lleva a cabo a la luz del día, el bienhechor lo hace durante el sueño nocturno —pues también alberga malos pensamientos—, y que el malvado no tiene pesadillas sino buenos sueños. El malvado sueña con convertirse en santo y el bienhechor, con obrar mal. Aquello que rechazan durante la vigilia, regresa cuando se hallan en un estado inconsciente. Aunque está presente todo el tiempo, no permiten que se manifieste cuando están despiertos. Solo aparece cuando están inconscientes.

Si penetraras en la mente de las buenas personas, las verías perpetrar mentalmente todos los pecados que cometen los encarcelados. No existe una gran diferencia entre unos y otros. El bienhechor peca igual que el malvado. La diferencia es que el primero alberga los pecados en su mente y el segundo los lleva a cabo. En la imaginación, el malo sigue haciendo todas las buenas acciones que caracterizan al bienhechor y sueña con ellas. El bien y el mal siempre van juntos. No existe una persona buena que no tenga un lado oscuro y viceversa.

Aquello que reprimimos desciende al fondo y aquello que enfatizamos asciende a la superficie. Sucede como en una moneda: cuando sale cara, la cruz no se ve. Del mismo modo, el bien y el mal son los dos lados del mismo pensamiento.

Quien desee ser un testigo y conocer la verdad ha de entender que todos los pensamientos son solo pensamientos. Nada es bueno y nada es malo. Cuando alguien establece la distinción entre bueno y malo se aferra a uno y desecha el otro y no puede vivir como testigo. Para ser un testigo debes permanecer en un estado libre de juicio, deseo o imaginaciones, o lo que es lo mismo, un estado sin proyecciones en el que veas los pensamientos tal como son. Alguien que sea testigo de los pensamientos sin juzgarlos ni considerarlos buenos ni malos ni censurarlos, criticarlos ni ensalzarlos, se llevará una gran sorpresa. Si continúa observando de este modo de forma silenciosa y serena, poco a poco descubrirá que sus pensamientos han desaparecido: se han vuelto vacíos. Los pensamientos dejan de llegar a la conciencia de alguien que se ha despojado de todo sentimiento de apego por sus procesos mentales.

Despojarse de todo sentimiento de apego significa desprenderse de la atracción o rechazo por ellos; tanto el amor como el odio son sentimientos de apego. A nuestra puerta llama tanto quien nos gusta como quien nos desagrada. Estamos rodeados tanto de amigos como de enemigos. Aunque alguna vez no estemos rodeados de los primeros, los segundos siempre estarán presentes. Nuestra mente se obsesiona con ellos.

Si alguien cree que el dinero es malo y que pensar en ello es negativo, se encontrará invadido de pensamientos monetarios todo el tiempo. Si alguien considera que la comida es mala y que comer no es correcto, empezará a pensar en alimentos todo el tiempo. Si alguien piensa que el sexo y el deseo sexual son pecado y comienza a luchar contra ellos, acabará obsesionándose con ellos. El pensamiento contra el que luchas acepta tu invitación; todo aquello contra lo que opones resistencia comienza a llegar. Se trata de una ley que opera en la mente: invitas aquello que combates. Lo que has rechazado regresa justo a causa de ese rechazo.

Esta es la razón por la que los pensamientos no han de resistirse ni ensalzarse, no han de descartarse ni tomarse: solo han de observarse. Esto requiere un gran coraje porque llegará un mal pensamiento y tenderás a apartarlo, y llegará un buen pensamiento y tenderás a aferrarte a él. Si recuerdas prestar una atención consciente a esta tendencia de la mente de sujetar y rechazar, poco a poco irá desvaneciéndose y serás capaz de observar los procesos mentales. Quien es capaz de observar el pensamiento, también lo es de liberarse de él; quien es capaz de ser testigo del pensamiento, puede estar libre del pensamiento.

Pero no sueles observar el flujo de los pensamientos; nunca te detienes para ver qué está sucediendo en tu interior. Tal vez nunca te hayas sentado durante media hora a observar qué está ocurriendo internamente. Mientras eso está sucediendo, tú sigues haciendo tus cosas; mientras está sucediendo, tú sigues trabajando; mientras está sucediendo, tú sigues comiendo; mientras está sucediendo, tú sigues regentando tu tienda; mientras está sucediendo, sigues escribiendo; mientras está sucediendo, sigues hablando; está sucediendo mientras lees estas palabras. Está sucediendo todo el tiempo en tu interior. Funciona por sí solo. Poco a poco has dejado de interesarte por lo que sucede en tu interior y, simplemente, estás a lo tuyo. Por esta razón estás casi dormido. Por dentro la mente está haciendo una cosa y tú haces otra. Estás ausente, no estás presente para ti mismo; no estás despierto para ti mismo.

> En una ocasión, alguien preguntó a Mahavira:
> —¿Qué clase de hombre es sabio?
> Mahavira respondió:
> —Aquel que está despierto es sabio y aquel que está dormido no es sabio.
> «Aquel que está dormido»: se trata de una afirmación excepcional.

Pues bien, todos nosotros estamos dormidos. Todos somos ajenos a lo que sucede en nuestro interior. Nuestra interioridad es nuestro ser real y no somos conscientes de él. Estamos despiertos para los sucesos externos, pero estamos dormidos para lo que sucede en nuestro interior. Ese es el sufrimiento de la vida; esa es la ignorancia de la vida; esa es la esclavitud de la vida y su prisión.

Hemos de despertar para ver qué sucede en nuestro interior. Alguien que es consciente del flujo de los pensamientos, lo ve, lo comprende y permanece como testigo, vive una experiencia única. Comienza a experimentar que al observar los pensamientos con desapego, estos dejan de surgir. Esos pensamientos que observa van dejando de aparecer y llega un momento en que no queda ni uno: solo la inteligencia permanece.

Llega un momento en que no hay pensamientos y tú estás ahí. Lo que se ha despertado en ti es la inteligencia libre que es capaz de conocer la verdad. Una inteligencia encadenada no puede conocer la verdad.

La libertad constituye el primer requisito. Has de aumentar esa libertad, ya que de otro modo no es posible avanzar hacia ella. No importa cuántos libros sagrados hayas leído ni cuántas doctrinas hayas comprendido o incluso memorizado: solo sabrás palabras y no sucederá nada más. Los conceptos ocuparán tu cerebro. La posesión de una multitud de palabras no indica sabiduría. Los locos están repletos de palabras, incluso más que tú. Las palabras no son una señal de sabiduría.

Otra cosa que has de saber es que si tu mente está demasiado llena de palabras puedes enloquecer. No existe una gran diferencia entre una persona corriente y una perturbada. La primera alberga menos palabras en su interior que la segunda.

Todo el mundo se encuentra al borde de la locura; basta un empujoncito para perder el juicio. Si las palabras de tu espacio interno comienzan a sonar muy fuerte puedes llegar a trastornarte. En la actualidad, los psicólogos afirman que una de cada tres personas está al borde de la locura. ¡Una de cada tres! Esto significa que un tercio de las personas aquí congregadas estarían a punto de volverse locas. No pienses que eso le pasará a tu vecino pero no a ti; eso ya es señal de que tienes problemas. Si crees que tu vecino está loco, significa que tienes un problema, porque ningún loco cree estarlo:

siempre piensa que lo está otro. Una de las principales características de un loco es pensar siempre que los perturbados son los demás; es imposible convencerlo de que es él quien no está en sus cabales. Si llega a entenderlo eso es prueba de su cordura.

Casi todos nosotros estamos llegando a ese punto. En Estados Unidos, un millón y medio de personas consulta a un psicólogo cada día. Se trata de cifras oficiales, y seguramente otro millón y medio acude a consultas privadas, de modo que tenemos alrededor de tres millones de personas que visitan al psicólogo cada día. ¿Por qué buscan ayuda? Tienen demasiados pensamientos que poco a poco se vuelven tan poderosos que acaban desestabilizándolas. No saben qué hacer, pues la intensidad de sus pensamientos les lleva a perder el control de sus vidas.

Deberías considerar esto y pensar en ello detenidamente aplicado a ti mismo. ¿Tienes pensamientos arrolladores? Siéntate durante diez minutos y escribe los pensamientos que te vengan a la mente con sinceridad, todo lo que te surja, sin dejar nada: si aparece un pensamiento incompleto, escríbelo tal cual; si aparece un pensamiento completo, escríbelo tal cual. Escribe todo lo que se te ocurra durante diez minutos y después muéstraselo a alguien. Te preguntará: «¿Pero qué loco ha escrito esto?». A cualquiera que se lo enseñes te responderá lo mismo. De hecho, tú mismo te darías cuenta de que eso lo ha escrito un desequilibrado. Si tuvieras que dejar salir todo lo que se te pasa por la cabeza y lo observaras durante diez minutos, tú mismo te preocuparías. Nunca nos paramos a observar qué está sucediendo en nuestro interior y creemos ser grandes pensadores. Todos los locos piensan eso mismo.

Sabes bien que las personas que llevan el proceso de pensamiento a un extremo enloquecen. Durante los últimos cincuenta años casi todos los grandes pensadores europeos han perdido la razón. La mayoría ha pasado un tiempo en una clínica mental en algún momento de su vida. Parece que un pensador que no pierda el juicio no debe ser tan genial. Llegará el día en que lleguemos a creer lo anterior, lo cual es cierto, ya que el resultado último del pensamiento es la locura. Por este motivo no considero pensadores a Buda ni a Mahavira. Ellos no fueron pensadores, sino seres iluminados. Existe una diferencia abismal entre un pensador y un ser iluminado. Este último sabe, no piensa. Solamente alguien que no sabe está obsesionado con sus pensamientos.

Ahora estoy sentado aquí y cuando el encuentro termine todos nos levantaremos y saldremos por la puerta. Nadie se preguntará dónde está la puerta porque podemos verla. Si un ciego estuviera entre nosotros, hacia el final del encuentro empezaría a pensar en la ubicación de la puerta y se preguntaría: «¿Dónde está la puerta?, ¿dónde está la pared?». La persona que ve no piensa; solo piensa la que no ve; de hecho, pensar es una señal de ignorancia no de conocimiento. Ten en cuenta que cuanto más pienses, más ignorante serás. Con el advenimiento del saber el pensamiento desaparece y penetras en el vacío.

He mencionado antes que has de observar los pensamientos y permitir su disolución hasta que se vuelvan vacíos. Los pensamientos desaparecen una vez eres consciente. Los pensamientos desaparecen mediante el proceso de observarlos y cuando lo hacen, la inteligencia se libera. Cuando una inteligencia libre se topa con la verdad, no le preocupa conocer doctrinas ni libros sagrados. Una inteligencia libre abandona la orilla para penetrar en el océano ilimitado.

Contaré otro relato para concluir la charla de hoy.

Una noche un grupo de amigos salieron de fiesta. Era una bella noche de luna llena y habían bebido mucho. Era una noche perfecta, de modo que decidieron dirigirse al lago para montar en bote. Se sentaron en una barca, cogieron los remos y comenzaron a remar. Remaron durante toda la noche y al amanecer, cuando una brisa fresca comenzó a acariciarles el rostro y la luna casi había desaparecido del horizonte, se hallaban un poco más sobrios. Dos de ellos que ya se habían despejado dijeron:

—Amigos, parece que nos hemos alejado mucho. Llevamos remando durante toda la noche; es hora de regresar.
Para cuando lleguemos a casa será mediodía, seguramente
estamos muy lejos de la orilla. Pensaron: «Veamos cuánto
nos hemos alejado».
Pero se quedaron de piedra ante lo que vieron: no habían
ido a ninguna parte. La barca estaba exactamente en el mismo
sitio, ya que se habían olvidado de desamarrarla; de hecho, las
cadenas seguían sujetándola. Estaban muy sorprendidos: ha-
biendo remado tanto no habían ido a ningún sitio. Dijeron:
—Hemos remado toda la noche en vano; pensábamos
que habíamos llegado muy lejos y en realidad no nos hemos
movido.

Alguien que desee liberar su pensamiento y su inteligencia ha de
desatar sus cadenas de la orilla de las creencias. Quien permanece
atado a alguna creencia debe recordar que no puede emprender un
viaje en el mundo de la verdad, ya que no llegará a ningún sitio. Al
final de su vida descubrirá que permanece en el mismo lugar donde
estaba; estará exactamente en el punto en el que sus padres le trans-
mitieron esa creencia y el viaje habrá sido inútil, habrá remado para
nada y todo su esfuerzo se habrá desperdiciado. En el momento de
la muerte se hallará atado por los mismos pensamientos y creencias
que le inculcaron la sociedad y sus padres. La vida de alguien así habrá sido una auténtica desgracia. Su viaje habrá sido infructuoso por
haberse olvidado de desamarrar las cadenas de la orilla.

Has de desatar las cadenas que te atan a esa orilla. Has de despojarte de las cadenas de todo lo que la sociedad u otras personas te han
transmitido. Deja que tu inteligencia se libere. Solamente una inteligencia libre te permite volar y alcanzar lo divino; los pensamientos y
creencias inhibitorios representan obstáculos para descubrir lo divino.
Todos estamos encadenados; el mundo entero está encadenado. No
podemos experimentar lo divino porque estamos atados a esas cadenas. Sé valiente, deshazte de ellas y observa adónde te lleva tu barca.

Voy a terminar con una cita de Ramakrishna: «Libera tu barca y extiende las velas; los vientos de la existencia están listos para conducirte al vasto océano del más allá».

Bienaventurados quienes liberan su barca y extienden las velas, y desafortunados quienes la mantienen atada a algo y se esfuerzan en vano para fracasar finalmente.

Por último, deseo que la existencia te proporcione el valor y la fuerza para liberar tu barca de las orillas de las creencias y puedas acceder al océano infinito de sabiduría. La existencia está de parte de los valientes. ¿Qué puede hacer por quienes son débiles y nunca emprenden el viaje?

Es suficiente por hoy. Por favor, aceptad mi agradecimiento. Me siento sumamente agradecido por vuestra escucha amorosa. Aceptad mis saludos a la divinidad que mora en vuestro interior.

CAPÍTULO 2

La simplicidad de la mente

ANOCHE TOQUÉ EL TEMA de la libertad. Dije que la primera condición que debe cumplirse en un buscador de la verdad es la libertad de la conciencia, lo cual implica estar libre de cualquier cautiverio o esclavitud mental y una mente que no esté atada a ninguna forma ni pensamiento predeterminado, que no esté abrumada o limitada de ningún modo ni muestre una disposición limitadora. Desde luego, alguien que no sea libre no puede alcanzar la verdad. La esclavitud mental está profundamente arraigada. No estoy hablando de la esclavitud política, social o económica, sino de la esclavitud psicológica. Alguien que es un esclavo psicológico puede conseguir cualquier cosa menos experimentar la dicha, la bendición y la luz de la vida.

De modo que el primer requisito es la libertad de la conciencia. Esta mañana hablaré de un segundo requisito: la simplicidad de la mente.

Si nuestras mentes son complicadas y están enredadas en conflictos tampoco seremos capaces de conocer la verdad. Nuestras mentes no son para nada simples, sino sumamente complicadas, caóticas, enmarañadas, llenas de conflictos y paradojas. Y una mente complicada representa un obstáculo.

¿Cómo puede alguien que es complicado en su interior —enredado en pensamientos y conflictos— abrir los ojos a otra realidad? ¿Cómo puede alguien que está enormemente ocupado con sus conflictos internos orientarse hacia la verdad? ¿Cómo puede alguien que lucha consigo mismo y está fragmentado internamente conocer lo indivisible?

Todos estamos fragmentados internamente. Estamos divididos en diversos fragmentos que luchan entre sí.

Sucedió una vez…

> Cristo había llegado a un pueblo y un joven acudió a conocerle. Cristo le preguntó:
> —¿Cómo te llamas?
> —Mi nombre es Legión. Tengo miles de nombres, ¿cuál de ellos debería mencionar? —respondió el joven.
> —Al menos me has dicho la verdad sobre ti mismo. Otros mencionan un nombre, aunque en ellos convivan miles de personajes —señaló Cristo.

Cada uno de nosotros alberga diversas personalidades en su interior: eres una multitud. Tu interior no está unificado; tú no eres un individuo, sino que en ti habita una multitud. Mahavira afirmó que el ser humano es polipsíquico, aunque solemos creer que tenemos una sola mente. Diversas investigaciones han revelado que somos polipsíquicos: tenemos múltiples mentes.

Si reflexionas sobre ello, te darás cuenta de este fenómeno. ¿Cuando te invade la ira tienes la misma mente que cuando te arrepientes más tarde? La mente arrepentida es completamente diferente de la que se enfurece. Continúas enfadándote y arrepintiéndote, ya que la voz de la mente que se arrepiente nunca es audible por la mente enfurecida, si no, la ira no seguiría manifestándose.

Cometes el mismo error mil veces. Después de enfadarte te arrepientes, te sientes infeliz y decides no volver a hacerlo nunca más. Si fueras un individuo con una sola mente, la decisión sería total, pero tienes varias mentes y la que decide es diferente de la que actúa. Todas tus decisiones se quedan en nada y tu vida sigue como antes. Antes de acostarte decides levantarte a las cuatro de la mañana al día siguiente. Pero a las cuatro alguien en tu interior te pide que te quedes en la cama: «¿Para qué levantarme? Hace frío», y vuelves a dormirte. Cuando te levantas más tarde te arrepientes y piensas: «¿Cómo ha podido pasar? Decidí levantarme a las cuatro y no lo he hecho. Mañana sin falta». Al día siguiente, alguien en tu interior te dice una vez más: «¿De qué sirve levantarse tan pronto? Hace mucho frío, sigue durmiendo». ¿Es esta mente la misma que tomó la decisión de madrugar? ¿O es otra mente?

La mente consta de varias partes, está divida en múltiples fragmentos. A causa de estos fragmentos se producen complicaciones. Alguien que no posee una mente integrada es necesariamente complejo. Además, las complicaciones se multiplican porque cada mente está en contra de las otras mentes.

Si reflexionas sobre ello te darás cuenta de que has creado este conflicto con tus propias manos. La educación y los condicionamientos han fragmentado tu mente. Su indivisibilidad ha sido destruida. No es una mente integrada. Dices que eres una sola persona porque tienes un solo nombre, una sola etiqueta; todo el mundo sabe que eres una sola persona, pero si miras en tu interior descubrirás que hay mucha gente ahí dentro. Escucharás diversas voces internas que son diferentes a ti y que están en tu contra. ¿Has pensado alguna vez en esto?

Es frecuente la expresión: «Lo hice a mi pesar». ¡A pesar suyo! Un hombre mata a otro en un ataque de ira y luego dice: «Lo maté a mi pesar». ¿Qué clase de chaladura es esta? ¿Cómo puede alguien matar a pesar suyo si no albergara un sentimiento opuesto en su interior?

Probablemente, hayas sentido lo siguiente en numerosas ocasiones: «Cuando estaba furioso yo no estaba ahí» o «Cuando me poseyó la lujuria yo no estaba ahí; no sé qué me pasó». ¿Cuando estás enfadado eres el mismo que cuando estás tranquilo? ¿Cuando amas eres el mismo que cuando odias? En absoluto. Te cambia el rostro, algo se modifica en tu interior. Tu interior está fragmentado por una multitud de mentes. Cuando uno de esos fragmentos te domina actúas de un cierto modo; cuando esa parte se marcha, tu mente cambia, al

igual que gira la rueda de un carro: un radio sube y otro baja; los radios van cambiando de posición todo el tiempo. Del mismo modo,
una mente sube y otra baja y eso produce una complejidad interna.

Solo puede ser simple quien tiene una única mente; en cambio,
alguien que tiene diversas mentes será necesariamente complejo. Y
cada una de esas mentes no es consciente de las otras. Esa persona
lo sabe porque todas sus decisiones son incompletas: la mente que
decide no está operativa cuando ha de ponerlas en práctica.

Probablemente hayas resuelto hablar con sinceridad en múltiples ocasiones y cuando llega el momento te descubres mintiendo;
o amar a todo el mundo y cuando llega el momento te descubres
dominado por el odio; o ser amigo de todos, pero te das cuenta de
que tienes numerosos enemigos. Dado que eres tú quien decide
—tú tomas la decisión—, ¿de dónde procede lo opuesto? Está
igualmente presente en tu interior. En tu interior también sientes
menosprecio por esa persona a quien respetas. El sentimiento
opuesto está presente al mismo tiempo.

Es frecuente ver a unos amantes peleándose constantemente;
tienen una relación de amor-odio. También puede verse este mismo
fenómeno entre amigos y estudiantes. Una parte de la mente se
opone siempre a lo que hace la otra parte. Esta es la razón por la que
el amor se convierte en odio al cabo de un tiempo.

Hace poco estaba hablando de esto en Delhi y alguien me replicó que a la persona que amamos la amamos, no la odiamos. Me
preguntó:

—¿Cómo puedes afirmar algo así?

Le contesté:

—Supón que amas a tu esposa y mañana te enteras de que ella
está con otro hombre. ¿Qué pasará entonces? En ese momento, el
amor se volverá odio. ¿Puede el amor tornarse odio? En realidad no,
lo que ocurre es que el odio está oculto en tu interior. El amor está
en la superficie y el odio, debajo. Cuando ya no hay razón para
amar, el amor se va y el odio aflora.

Había una mujer mística llamada Rabiya. Se trataba de una mística excepcional. Cuando leyó en el Corán: «Odia al diablo», borró esa frase. Hassan —un místico errante de aquel tiempo— se hospedó en casa de Rabiya en una ocasión. Dado que deseaba leer el Corán de madrugada, Rabiya le prestó el ejemplar del que disponía y él se percató de que había una línea borrada.

—¡Corregir un libro sagrado! ¡Cambiar una frase santa! ¿Quién es el idiota que ha modificado el santo Corán? —preguntó Hassan.

—Tuve que hacerlo —respondió Rabiya.

—¿Por qué? ¿Por qué lo hiciste? Has profanado un texto sagrado —replicó el místico.

—Verás, tenía un grave problema. El Corán dice: «Odia al diablo», pero miré en mi interior y no había odio por ninguna parte. Si se me apareciera el diablo, ¿cómo podría odiarlo? Al fin y al cabo, para poder odiar has de albergar odio dentro de ti, si no, ¿de dónde vendría? Si metes un cubo en un pozo sin agua, ¿de dónde sacarás el agua? Solo podrás obtenerla si estuviera ahí previamente. Ya no hay odio en mí, solamente amor. Si se me aparecieran Dios y el diablo, no podría hacer nada, solo puedo amar; daría amor a ambos por igual. Ya no hay odio en mí, lo busqué a fondo y no encontré nada —explicó Rabiya.

Si miras en el interior de tu amor, encontrarás odio; está presente justo detrás del primero, como si fuera su sombra. En tu mente existe también un sentimiento de odio hacia la persona a la que consideras tu amiga; desconsideración hacia la persona a la que respetas y una actitud crítica hacia la persona a la que ensalzas. Si las tendencias opuestas están siempre presentes, ¿cómo puede ser tu mente simple? ¿Y cómo puede conocer la verdad una mente que no es simple?

La simplicidad es esencial y constituye una condición imprescindible para alcanzar lo divino. Es necesario que comprendamos las partes opuestas que coexisten en nuestras complejas mentes y la razón por la que son mentes fragmentadas, divididas en múltiples aspectos. A menos que nos volvamos indivisibles, no nos servirá de nada ni las oraciones ni la meditación ni el yoga ni el culto, todo será inútil. Iremos a un templo o mezquita y nos inclinaremos ante algún dios sin ningún sentido. Sin volvernos indivisibles todo está vacío de significado. Cuando nos inclinamos ante la estatua de un templo, en nuestro interior existe una mezcla de confianza y desconfianza, de respeto y desconsideración, de fe y duda.

Yo solía ir a mi pueblo, donde vivía un antiguo profesor al que visitaba con frecuencia. La última vez me quedé alrededor de una semana y fui a verlo todas las mañanas. Un día me envió un mensaje en el que me pedía que no acudiera a nuestra cita. Pregunté a su hijo la razón del mensaje y me dijo: «Mi padre también me ha pedido que te entregue esta carta».

En la carta me confesaba lo siguiente: «Me siento muy feliz cuando me visitas, mi alegría no conoce límites cuando vienes a mi casa, pero no deseo que regreses porque ayer cuando me senté a rezar, recordé tus palabras y comencé a preguntarme si lo que estaba haciendo no sería una tontería, ¿acaso no era infantil mi práctica religiosa? Y la estatua que tenía delante, ¿no era sino un trozo de piedra? Llevo rezando durante treinta o cuarenta años y ahora me asaltan las dudas y tengo miedo. De modo que te ruego que no vuelvas a mi casa».

Yo contesté a su carta diciéndole que fuera o no a su casa, lo que tenía que suceder había sucedido. Deseaba transmitirle con total humildad que yo no había suscitado esas dudas. Aunque llevaba rezando cuarenta años, la duda había permanecido oculta en la sombra.

¿Puede la fe eliminar la duda? Impones la fe desde el exterior, pero la duda permanece oculta en tu interior. ¿Puede el amor eliminar el odio? Aunque muestres amor en tu rostro, el odio permanece dentro. ¿Puede el respeto eliminar el menosprecio? Impones respeto desde el exterior, pero la desconsideración permanece internamente. Te vuelves más y más complejo.

Esta es la razón por la que deberías abandonar cualquier fe que pueda ocultar alguna duda; cuando la duda desaparece, lo que queda se llama confianza. Al amor que contiene odio escondido lo considero inútil; cuando ese odio desaparece, queda el amor. Una amistad en la que existe la posibilidad de enemistarse no tiene sentido; cuando la animadversión se desvanece, queda un sentimiento de amistad; igualmente, la alegría que contiene sufrimiento escondido no tiene ningún valor; cuando el malestar desaparece, queda la dicha.

Estamos plagados de opuestos y una mente así es compleja. La mente de alguien que está repleta de opuestos será siempre dual y estará en conflicto.

Es importante comprender que una mente que está siempre en conflicto pierde su capacidad de aprender. Cuando alguien está siempre ocupado con sus conflictos internos, su conciencia se debilita y se embota; alguien que está en lucha constante se vuelve insensible a causa de ese conflicto. Su sensibilidad disminuye y poco a poco va entorpeciéndose. Su intelecto no se expande, sino que se debilita más y más.

Por ello, el cerebro de una persona mayor en lugar de agudizarse se debilita más que el de un niño. Aunque el cuerpo envejezca no hay razón para que también envejezca la mente a menos que no esté en conflicto. Si la mente no está en constante conflicto, si no es compleja ni está fragmentada ni llena de contradicciones, no hay razón para que envejezca. La mente envejece a causa del conflicto y la lucha constantes, así como de las contradicciones que esto genera. Es natural que se produzca una degeneración de la capacidad y sensibilidad de alguien que está en perpetuo conflicto.

Nuestra mente envejece aunque no hay razón para que lo haga. Este conflicto, esta lucha, esta fragmentación de la mente sucede solamente a causa de nosotros mismos. Somos nosotros quienes la dividimos en fragmentos. Nos fragmentamos debido a nuestra ignorancia. Necesitamos tratar de entender cómo parcelamos la mente, solo así podremos comprender lo que es la simplicidad y cómo puede surgir en la mente.

Antes de seguir profundizando en este tema, me gustaría aclarar que la clase de simplicidad a la que me refiero no es la misma de cuando decimos que alguien es muy simple o cuando se nos dice que deberíamos ser simples, no es esa la clase de simplicidad de la que estoy hablando, ya que detrás de esa simplicidad se oculta siempre la complejidad. Cualquiera puede fingir ser simple y aparentar simplicidad de múltiples maneras. Podría no ir a la moda y vestir con prendas de baja calidad y diríamos que se trata de una persona muy simple; podría llegar más lejos y llevar solamente un taparrabos y diríamos que se trata de un hombre muy simple; incluso, podría ir desnudo y hablaríamos de lo simple que es, pero eso no es simplicidad. En lugar de comer dos veces al día, una persona puede reducir las comidas a una sola y diríamos que es una persona muy simple. Si alguien no consume carne y es vegetariano, diríamos que es una persona muy simple; o si no fuma ni bebe ni juega a las cartas, diríamos que es un hombre muy simple.

Nadie se vuelve simple tan fácilmente; no es esa la base de la simplicidad. En realidad, esa clase de personas son sumamente complicadas. Muestran sencillez por fuera, pero su complejidad interna no se ha destruido y permanece intacta.

En una ocasión en la que viajaba en tren coincidí con un monje en mi compartimento. Él y yo éramos los únicos pasajeros. Un gran número de personas había acudido a despedirle a la estación; ciertamente tenía muchos seguidores. Llevaba puesto un trozo de tela de saco sujeto por una cuerda y todo su equipaje consistía en una pequeña cesta de bambú en la que llevaba dos o tres trozos de tela y cuerda. Eso era todo.

Después de que se marcharan sus amigos, cogió la cesta y comenzó a contar el número de telas que contenía. El otro pasajero del compartimento era yo y lo observaba en silencio. Después de contar los trozos, confirmó que había exactamente el mismo número de antes y volvió a meterlos en la cesta. Por la noche le entró sueño. Me preguntó cuándo llegaríamos a su estación de destino y le contesté que sobre las seis de la mañana y que podía dormir tranquilamente, ya que iban a separar nuestro vagón precisamente en esa estación. No había razón para preocuparse, podía dormir profundamente.

Aun así, vi que se levantó a medianoche y preguntó exactamente lo mismo a otra persona y en alguna otra estación en la que el tren hizo parada aprovechó para preguntar a alguien más si se había pasado de estación. Entonces le dije: «Mira, no puedes pasarte de estación porque van a separar este vagón precisamente allí, así que no tienes por qué preocuparte, vuelve a dormirte. ¿Por qué estás tan inquieto?». Aunque por fuera llevaba un trozo de tela, por dentro bullía de ansiedad y preocupación innecesarias.

Cuando me desperté por la mañana, lo vi ajustando su trozo de tela y apretándolo mejor; por lo visto no estaba a su gusto. Luego lo desató y volvió a atarlo de otro modo; a continuación, repitió la misma operación por tercera vez, pero tampoco le convenció. Finalmente, se levantó y se miró al espejo para comprobar si se había atado correctamente.

¿Cómo puedo llamarle a eso simplicidad? Es claramente algo complicado. Ese hombre era más complejo que alguien que lleva ropa cara. La apariencia de simplicidad no tiene ningún sentido y no es simplicidad en absoluto. La simplicidad es algo completamente distinto.

Es una situación similar a alguien que adorna su casa con flores de papel. Existe una gran diferencia entre las flores de papel y las verdaderas. La simplicidad no puede cultivarse ni puede imponerse desde fuera. Si la mente es indivisa, la simplicidad comienza a irradiar por sí misma y el modo en que alguien se viste, se sienta y camina o lo que come no cambia nada. Todo esto se simplifica por sí solo. Si la mente está integrada, la simplicidad penetra en la capa externa de la vida de forma espontánea; en cambio, si la mente está fragmentada, por mucha sencillez externa que alguien se imponga, eso no será simplicidad. Será algo impuesto desde fuera sin ningún valor. ¿Acaso puede tener valor una simplicidad que ha sido cultivada? Tal simplicidad se ha ejercitado y no es espontánea.

Kabir afirmó: «Buscadores, la iluminación espontánea es correcta, aquello que nace y se desarrolla de forma natural es lo mejor; en cambio, lo que no es natural, sino que ha sido impuesto y practicado, es inútil».

En una ocasión me encontraba en un pueblo donde vivía un monje amigo mío que estaba preparándose para ser un monje desnudo. Cuando me acerqué a su cabaña lo vi por la ventana caminando desnudo, pero cuando me abrió la puerta se había cubierto con una tela. Le pregunté:

—He visto que estabas caminando desnudo, ¿por qué te has vestido?

—Estaba practicando la desnudez. Tarde o temprano tendré que ser un monje desnudo, de modo que estaba habituándome. Primero, voy a practicar a solas; después, lo practicaré entre amigos; más tarde, me alejaré un poco de casa, probaré en el pueblo y, finalmente, en la ciudad. Iré acostumbrándome poco a poco —me respondió.

—Deberías entrar en un circo. No hay ninguna necesidad de que seas un monje: deberías estar en el circo —le repliqué.

Por esta razón te digo que la desnudez que se cultiva por medio de la práctica no es la desnudez de Mahavira. Su desnudez no era el resultado de la práctica, sino de la inocencia; él no practicaba el nudismo. Su conciencia se había vuelto tan simple e inocente que la vestimenta le resultaba innecesaria; él no renunció a vestirse sino que se le desprendieron sus ropajes. Una desnudez que tiene lugar de este modo es significativa; en cambio, la que es producto de un ejercicio de renuncia a la indumentaria es más bien algo que puede practicar cualquiera en un circo. Esto último no entraña ninguna dificultad, pero esa no es la cuestión.

Por ejemplo, es comprensible que alguien que se encuentre henchido de lo divino se olvide de comer; el ayuno va sucediendo de forma natural a medida que transcurre el día, pero no puedo entender que alguien pase hambre durante todo el día con esfuerzo y práctica. Ayunar significa estar en estrecha intimidad con lo divino. Es comprensible que la conciencia tenga una conexión tan íntima con la existencia que te olvides de comer y el ayuno tenga lugar espontáneamente. Por el contrario, la práctica del ayuno es completamente inútil y no tiene valor alguno.

Todo lo que se practica no sirve para nada, solo lo que sucede de forma natural es significativo. Lo que se practica no tiene ningún sentido; todo lo que es significativo en la vida sucede, no se practica.

Si practico amarte, ¿ese amor será verdadero?, ¿cómo puede ser verdadero un afecto que se ha practicado? El amor que es producto de la práctica será una actuación, una hipocresía. El amor que surge y comienza a brotar en mi interior, que abre las puertas y comienza a fluir en mí sí es comprensible, pero si me esfuerzo para amarte, ¿qué valor tendrá ese amor? Del mismo modo, la simplicidad que se ha practicado tampoco tiene ningún valor.

Podemos ver a gente a nuestro alrededor que practica la simplicidad. Aquellos a quienes llamamos monjes la practican y ponen en ello todo su esfuerzo. Para cada pequeño aspecto tienen una regla y una estructura: cuándo levantarse, cuándo dormir, cuándo comer, qué llevar puesto. Un monje ha de registrar cada cosa. Su vida está sumamente planificada, pero hubiera sido mejor que se hubiera dedicado a la ingeniería, a la dirección de empresa o a la conducción de máquinas: se habría revelado que posee un cerebro sumamente competente para el manejo de maquinaria, pero lo cierto es que es un monje.

La vida de un auténtico monje es espontánea, no algo practicado. Lo que tiene lugar en su interior sucede de forma natural.

Había un emperador en Japón que comunicó a sus ministros que deseaba conocer a un monje.

Su primer ministro le dijo:

—¿Un monje? Puede encontrar a uno en cada esquina del país. Allí donde vaya encontrará uno.

Japón tiene un gran número de monjes, en general en las naciones budistas sucede esto. Camboya cuenta con una población de alrededor de seis millones de habitantes, de los que seiscientos mil son monjes; lo mismo puede decirse de Japón y Sri Lanka.

—No hay escasez de monjes ni gente santa. Si lo desea, podemos congregar a una multitud de ellos —le explicaron sus ministros.

—No, quiero encontrarme frente a frente con uno —insistió el emperador.

—¿Qué quiere decir exactamente con «encontrarse frente a frente con uno»? Le bastará con salir a un camino para toparse con varios —le aconsejaron sus ministros.

—Si fueran monjes de verdad no os habría solicitado un encuentro. Todos ellos me parecen actores. ¿Acaso alguien se convierte en monje por vestir un hábito y llevar la cabeza rapada y una bolsa al hombro? Todos ellos me parecen sumamente inmaduros. Podrían ser actores, pero ¿de qué modo son monjes? —contestó el emperador.

Deberías observar a los monjes. Uno tiene una marca especial en la frente, otro lleva una vestimenta especial, aquel presenta alguna característica peculiar. Sus seguidores hacen exactamente lo mismo. Todo ello parece sumamente infantil e inmaduro. ¿Puede una persona inteligente y reflexiva hacer algo así?

En una ocasión un sannyasin se acercó a Gandhi y le transmitió que le gustaría servir a la gente de algún modo. Gandhi lo miró de arriba abajo y dijo:

—Antes de poder hacer trabajo social habrás de dejar esa túnica azafrán.

—¿Por qué?, ¿de qué modo representa un obstáculo? —Preguntó el sannyasin.

—El mero hecho de llevar esa túnica significa que deseas que la gente piense que eres un sannyasin, de otro modo no habría razón para que vistieras así. Eres un sannyasin y puedes serlo con cualquier vestimenta; lo que ocurre es que la gente solo pensará que eres un sannyasin con la túnica. Deseas que lo piensen, y quien desea que la gente piense que es un sannyasin no es un auténtico sannyasin. ¿Qué tienen que ver los sannyas con lo que la gente piense? —respondió Gandhi.

Siguiendo con el relato del emperador, este reiteró su demanda:

—Deseo conocer a un monje.

Así pues, los ministros se pusieron a investigar si un monje así existía. Finalmente averiguaron, no sin dificultades, que en efecto existía alguien de esas características y que vivía en una cabaña a las afueras del pueblo. Algunos decían que se trataba de un monje.

El emperador acudió a verlo una mañana temprano. Pensaba que un monje se levanta pronto. Eran alrededor de las siete o las siete y media. El sol había salido, pero el monje dormía profundamente. Había una estatua de Buda y los pies del monje descansaban sobre ella.

—¿Qué clase de monje es este? ¡Apoya los pies sobre la estatua de Buda y duerme hasta tarde! —preguntó el emperador.

La gente que lo había guiado hasta allí le contestó:

—No debería precipitarse en sacar conclusiones, no resulta fácil reconocer un monje.

La razón por la que tantos pseudomonjes nos parecen monjes es nuestra precipitación en formar un juicio. Cualquiera puede levantarse a las cuatro, ¿es tan complicado?; cualquiera puede sentarse con las palmas juntas enfrente de la estatua de Buda, ¿es tan complicado?

Así pues, los lugareños dijeron al emperador:

—No se apresure a juzgarlo. Este hombre es especial. Alguien que pone los pies sobre la estatua de Buda no es un hombre corriente; solo un auténtico monje puede hacer esto. Espere un poco, no se precipite en sacar conclusiones.

Finalmente, el monje se levantó a las ocho. En el momento en que abrió los ojos, el emperador le preguntó:

—¿Por qué te levantas tan tarde? Un monje debería madrugar.

—Sí, siempre me levanto en el momento más favorable de la mañana. La hora en que me despierto es para mí la más favorable. Cuando la existencia me despierta, me levanto; cuando la existencia me induce a dormir, me acuesto. Yo no decido cuándo levantarme ni cuándo acostarme. Me entregué a las manos de la existencia el día en que me hice monje y a partir de entonces lo que sucede, sucede. Cuando me siento al sol y este comienza a ser abrasador, la existencia me conduce a buscar una sombra; cuando hace frío en la sombra, la existencia me conduce hacia el sol. Me he entregado a las manos de la existencia. Ahora solamente respiro, la persona que era ha dejado de existir. En consecuencia, cuando el sueño concluye y mis ojos se abren, me levanto, y cuando tengo hambre, salgo a mendigar comida —respondió el monje.

—Me dejas muy sorprendido. ¿No sigues ninguna regla ni norma?, ¿no estás sujeto a ninguna estructura? —preguntó el emperador.

—Así es: ni reglas ni estructuras. Para la persona que se entrega a las manos de la existencia no hay reglas ni estructuras —concluyó el monje.

Todas las normas y estructuras proceden del ego. Todos los sistemas de reglas y métodos proceden del ego. Queremos imponer algo a la vida y las reglas surgen a partir de ahí. Alguien que quiere exigirle algo a la vida, que espera algo especial de ella —debería ser de este modo y no de este otro— y condena una cosa y acepta otra, no puede ser simple. La simplicidad constituye la primera condición esencial de un auténtico monje. El requisito fundamental para alcanzar la verdad es la simplicidad.

El monje del relato afirmaba que solo alguien que es como la humedad del aire y va donde le lleva el viento, que es como una hoja seca que cae allí donde el viento la posa y se alza de nuevo donde el viento la eleva…, solo alguien así puede ser simple, los demás serán necesariamente complejos. Alguien que es como un trozo de madera flotando en el mar, que va allí donde lo dirigen las olas y toca tierra allí donde los vientos lo apoyan, que no tiene ninguna opinión propia sobre lo que debería hacerse o no hacerse y que no proyecta nada sobre la existencia… Solo alguien así puede ser simple.

¿Cómo puede ser simple alguien que sigue normas y reglamentos las veinticuatro horas del día?, ¿cómo puede ser simple alguien que trata de moldearse de una determinada forma durante todo el día? Alguien que se esfuerza por cultivar una determinada actitud no puede ser simple. ¿Cómo podría ser simple alguien que trata de alcanzar lo divino y realiza un esfuerzo para ser un monje, alguien que se esfuerza por ser honorable, que practica la no violencia, la honestidad y la templanza? Alguien así no puede ser simple. Alguien que se sacrifica a sí mismo en pos de un ideal no puede ser simple y todos nosotros nos entregamos a un ideal u otro.

Mahavira vivió hace dos mil quinientos años; Cristo vivió hace dos mil años; Buda vivió hace dos mil quinientos años y Rama vivió mucho antes que todos ellos. Krishna también vivió hace muchos años y a pesar de ello nos aferramos a sus ideales. Los budistas han tratado de emular a Buda durante los últimos dos mil quinientos años. ¿Alguno de ellos se ha convertido en Buda? Nadie ha tenido éxito al imitar a Buda durante los últimos dos mil quinientos años. ¿Alguien se ha convertido en Mahavira? Nadie lo ha conseguido durante los últimos dos mil quinientos años. ¿Alguien se ha convertido en Cristo? La experiencia de dos mil años de historia nos dice que esto no ha ocurrido; aun así, millones de personas tratan de convertirse en Cristo, en Buda o en Mahavira. Debe haber un error fundamental en esta forma de ser.

Alguien que trata de ser como otra persona se vuelve complejo, ya que comienza a negar su identidad y se impone ser alguien diferente; comienza a rechazar su realidad para incorporar los ideales de otro: se vuelve complicado. Su mente está fragmentada, su interior desintegrado y nace el conflicto. El principal problema radica en que a fin de convertirse en Mahavira es fundamental ser simple; a fin de convertirse en Buda es fundamental ser simple; a fin de convertirse en Cristo es fundamental ser simple y a causa de la imitación sus seguidores son complicados.

Considera la situación. Nadie puede ser simple emulando a otra persona. Imitar a otro significa que tratas de ser como esa persona sin comprenderte a ti mismo. Sin esa comprensión íntima te esfuerzas por parecerte a otro. Dejas de lado quién eres y comienzas a llevar el disfraz de otra persona. Te fuerzas a actuar, a ser un hipócrita.

Un país supuestamente religioso está lleno de hipocresía, como es el caso de la India. No es fácil encontrar un país más hipócrita y una raza y sistema de creencias más complicados; ninguna raza alberga tanta hipocresía como nosotros. La única razón de esto es que estamos envueltos en la loca carrera de seguir a alguien, algún ideal, sin entender quiénes somos. La verdadera revolución en la vida comienza cuando comprendemos quiénes somos realmente; comienza con la comprensión de nuestra identidad.

Una persona es iracunda, una segunda es sumamente avariciosa y una tercera, profundamente arrogante. Pues bien, ¿qué ocurrirá si esa persona arrogante trata de ser humilde? Cuando alguien que es egoísta trata de despojarse del ego debido a la presión de la educación, la cultura y la religión que le instan a abandonarlo y tener paz, ¿puede conseguirlo realmente?, ¿puede dejar el ego?, ¿quién renuncia a ese ego? Quien trata de abandonar el ego es el propio ego.

Al sentir que está deshaciéndose del ego, esa persona dirá: «He abandonado el ego; me he vuelto sencillo. Siento humildad y no hay arrogancia en mí». ¿Qué es todo eso? Es parte de la arrogancia. ¿Puede el ego despojarse del ego? Se fortalecerá y refinará durante el proceso.

Esta es la razón por la que el ego del sannyasin es mucho más sutil que el de una persona corriente. Ha de ser así. Las personas corrientes se relacionan entre sí, mientras que los sannyasins son incapaces de hacerlo.

En una ocasión, animé a un famoso monje a que visitara a otro monje y me respondió que eso sería algo complicado. ¿En qué consistía esa dificultad? El problema residía en que si dos monjes se encontraban, ¿quién de los dos se inclinaría primero?, ¿quién se sentaría dónde?, ¿quién dispondría del asiento superior y quién del inferior?

En otra ocasión, asistí a una fiesta religiosa a la que también habían invitado a treinta o cuarenta monjes pertenecientes a diversas creencias. Si bien, el organizador deseaba que todos los invitados se sentaran en la misma plataforma, eso no era posible, ya que uno de ellos era un *shankaracharya,* un alto sacerdote hindú, que deseaba sentarse en un trono y no pensaba sentarse en ningún otro lugar.

Y cuando el *shankaracharya* se hubo sentado en un trono, ¿cómo iban a acceder los otros monjes a sentarse a sus pies? También ellos exigieron sentarse en tronos. Después, vino el problema de qué tronos serían más altos y cuáles más bajos.

¿Crees que esas personas eran santas o que estaban locas?, ¿es eso humildad o la cima más elevada del ego? Se trata de una forma refinada de ego. Las llamadas personas santas luchan entre sí y hacen que la gente corriente haga lo mismo. Allí donde hay ego, creará conflictos, choques y luchas.

Eso es sencillamente arrogancia. El ego nunca puede abandonar el ego. Cuando trata de hacerlo, el propio ego está pensando: «Debería ser humilde». Así pues, ¿qué hará? Fingirá serlo. Cuando una persona egoísta te conoce, inclinará la cabeza y te dirá que él no es nada, y mientras pronuncie estas palabras sabrá en su interior que sí es algo. Solo alguien que sabe que es algo dice que no es nada, de otro modo no lo diría. ¿Cómo una persona avariciosa podría despojarse de la avaricia? Si renuncia a la avaricia, es precisamente a causa de la propia avaricia.

Una vez escuché a un monje decir a su audiencia: «Sin avaricia os sentiréis en paz; sin avaricia haréis una buena acción; sin avaricia obtendréis *moksha,* la liberación».

Le dije a ese monje que solamente una persona sumamente avariciosa estaría de acuerdo con él, porque solo alguien que ambiciona alcanzar *moksha*, pensaría en abandonar la avaricia. Cuando alguien que codicia la paz piensa en renunciar a la avaricia, eso es una función de la propia avaricia, una extensión de ella. ¿Cómo puede alguien avaricioso desprenderse de la avaricia?

En realidad, no es posible despojarse de ninguna cualidad negativa. Ocurre lo mismo con la oscuridad: no puede suprimirse. Si este edificio estuviera lleno de oscuridad, no acabaríamos con ella apartándola. Si alguien tratara de hacerlo, pensaríamos que su cerebro no funciona bien y que se ha vuelto loco. ¿Es posible hacer desaparecer la oscuridad? Sí, puedes encender una lámpara. Cuando hay luz, la oscuridad desaparece por sí sola y no puede encontrarse en ninguna parte.

Del mismo modo, el ego no puede suprimirse, pero cuando surge un estado de simplicidad, el ego desaparece. Tampoco puede suprimirse la avaricia, pero cuando surge la paz, la avaricia desaparece. No es posible suprimir el mal, pero cuando despierta el bien en nosotros, lo divino en nosotros, la oscuridad desaparece por sí sola.

Cuando nos dedicamos a deshacernos del ego —y todos nosotros lo hacemos— la vida se vuelve complicada. Hay gente que me comenta que tiene que eliminar la violencia que habita en su interior. Yo les pregunto: «¿Cómo puedes exterminar la violencia?». En efecto, el amor puede despertarse, pero la violencia no puede suprimirse. La gente dice que tienen que renunciar a ser falsos; la verdad puede despertarse, pero la falsedad no puede suprimirse. Cuando nos implicamos en el discurso de la renuncia, comienzan las complicaciones y los conflictos.

Si bien, nuestras mentes están repletas de conflictos y deseamos deshacernos de múltiples cosas, la naturaleza de la vida no es la renuncia, sino el logro. Si alcanzamos algo más elevado, lo inferior desaparece por sí mismo. Cuando logramos algo superior, lo inferior le deja sitio. Cuando se hace la luz, la oscuridad desaparece.

Sin embargo, la oscuridad no puede marcharse por sí sola, sino que necesita el advenimiento de la luz para desaparecer. La instauración de la simplicidad que produce la desaparición de lo complejo no puede imponerse, sino que tiene que despertar en el interior. ¿Qué principio ha de seguirse para despertarla en el interior? Se trata de liberarse de todos los ideales, pues te vuelven complejo. Antes de tratar de cambiar algo, deberías intentar saber qué eres. Preguntar cómo deberías ser no tiene sentido: deberías saber cómo eres. En efecto, cuando conoces toda tu realidad, con ese conocimiento, la transformación comienza. Cuando alguien conoce su ira por completo, esta desaparece. No necesitas hacer nada más, solamente conocerla, pero eso no ha ocurrido nunca.

Dices: «Me he enfadado muchas veces» y yo te digo que aunque he viajado por todo el país todavía no he encontrado a nadie que conozca su ira. Nunca la has conocido. Cuando te enojas no estás presente, sino inconsciente, fuera de ti. ¿Puede alguien enfadarse si permanece presente? La ira no puede producirse si estás presente, es imposible. Si tu presencia es total en ese momento, si permaneces alerta y eres consciente cuando la tendencia a enfadarte está presente en tu mente, la ira no será posible y no se manifestará. Cuando te mantienes consciente es imposible actuar mal. Para que el mal aflore debes estar inconsciente. Cuando alguien que desea cometer un acto malvado se embriaga, le resulta más fácil llevarlo a cabo, ya que la conciencia disminuye con la borrachera.

Todas las religiones están en contra de las bebidas alcohólicas por una sola razón, por lo demás no tienen nada malo. ¿Qué hay de malo en beber alcohol? Nada, lo único que ocurre es que cuando estás ebrio tu conciencia desaparece y te vuelves incluso más inconsciente que antes. Todos los pecados nacen de la inconsciencia y cuanto más inconsciente eres, más pecados cometes.

Cuando te enfadas no eres consciente; cuando te atormenta la lujuria no eres consciente, no actúas de forma racional ni eres tú mismo. Algo te empuja y pierdes la cabeza: no sabes adónde te diriges. Solo has de observar a una persona enfadada o dominada por la lujuria; mira su rostro, fíjate en sus emociones, observa su cuerpo, te darás cuenta de que no es consciente. Cuando estás enfadado, no solo hay inconsciencia en el ámbito mental, sino también en el corporal. Los científicos afirman que las glándulas comienzan a segregar ciertas sustancias nocivas y bajo su influencia se produce poco más o menos que, un estado de embriaguez. Eres inconsciente mental y físicamente.

Buda tenía un discípulo que acababa de iniciarse en la senda de los buscadores que Buda denominaba sannyas. Este discípulo le preguntó:

—¿Adónde me dirijo hoy a mendigar limosna?

—Tengo una discípula, puedes ir a su casa —respondió Buda.

Así pues, el joven acudió allí. Cuando se sentó para comer, se sorprendió al ver que la comida coincidía exactamente con la que se había imaginado de camino. Le encantaba ese plato y mientras caminaba se preguntaba quién le ofrecería justo esos alimentos: «¿Quién me servirá hoy mi comida favorita?». Previamente, había sido un príncipe y estaba acostumbrado a comer lo que le gustaba, pero se asombró al ver que su anfitriona le ponía justamente eso en el plato. Pensó que debía tratarse de una coincidencia. Mientras comía pensó: «Solía descansar después de almorzar todos los días, pero ahora que soy un mendigo debo partir en cuanto acabe de comer y tendré que caminar tres o cuatro kilómetros bajo el sol abrasador».

La mujer, que estaba abanicándolo mientras comía, dijo:

—Hermano, me complacería enormemente si descansaras un rato en mi casa después de comer.

El monje estaba impresionado y pensó: «¿Le llegará de algún modo mi pensamiento». También pensó: «Debe tratarse de una coincidencia que me propusiera el descanso justo cuando estaba pensando en ello».

Así pues, se dispuso una esterilla y el monje se echó sobre ella. Mientras descansaba, le vino a la mente lo siguiente: «No poseo ni una cama ni un refugio propio. No tengo nada».

La anfitriona, que estaba a punto de salir de la estancia, se detuvo de pronto y regresó diciendo:

—Hermano, este lecho no es ni tuyo ni mío, ni siquiera esta casa pertenece a nadie. Por favor, no te preocupes.

En este punto, al monje le resultaba sumamente complicado creer que se trataba de una mera coincidencia. Se incorporó y preguntó:

—Estoy muy sorprendido. ¿Puedes percibir mis sentimientos?

La anfitriona se echó a reír. Él se sentía absolutamente avergonzado y comenzó a temblar. La mujer le preguntó:

—¿Por qué estás avergonzado? ¿Por qué tiemblas? Por favor, échate y descansa.

—Permíteme marcharme —pidió el monje bajando los ojos y, dicho esto, se marchó como un ladrón.

—¿Qué ocurre? ¿Por qué te sientes incómodo? —preguntó la anfitriona.

Él no miró atrás y se fue directamente al encuentro de Buda.

—No puedo volver a esa casa de nuevo —le confesó.

—¿Qué ha ocurrido?, ¿no estaba buena la comida?, ¿no te ha mostrado respeto?, ¿ha hecho algo inadecuado? —preguntó Buda.

—La comida ha sido justo mi plato favorito y he recibido muestras de un gran respeto, pero no regresaré. Por favor, no me pidas que vaya de nuevo —replicó el monje.

—¿Por qué estás tan avergonzado?, ¿por qué te has alterado tanto? —preguntó Buda.

—Esa mujer puede leer los pensamientos. Mientras comía, incluso me surgieron pensamientos sensuales ante una mujer tan hermosa. Ha debido percibirlos también. ¿Con qué cara puedo volver a esa casa? Agaché la mirada y huí. Ella me trataba de hermano, venerable y otras denominaciones respetuosas, me mostró un gran respeto. Me ha hecho tambalear. Aunque ha debido percibir lo que ha surgido en mi mente, seguía tratándome de venerable y mostrándome respeto. Por favor, perdóname, pero no volveré —insistió el monje.

—Te envié adrede; forma parte de tu meditación, has de acudir a esa casa cada día hasta que me digas que ir allí no te causa ningún problema. Hasta ese momento, has de seguir yendo diariamente —objetó Buda.

—¿Cómo puedo ir a esa casa con dignidad? ¿Si volvieran a surgirme pensamientos de esa clase qué se espera que haga? —preguntó el monje.

—Solo haz una cosa, un pequeño experimento, no es necesario que hagas nada más. Observa cada pensamiento que aparezca en la mente, ve a esa casa y observa los pensamientos. Si surgen pensamientos sensuales obsérvalos igualmente. Observa si te surgen sentimientos, si aparece la sensualidad o la ira... Presta atención a todo lo que aparezca y no hagas nada más. Permanece consciente, como cuando alguien enciende una vela en una casa oscura y todo en ella se vuelve visible; mantén la atención despierta de modo que puedas observar todo lo que ocurre en tu interior con claridad absoluta. Ve allí con esta actitud —le recomendó Buda.

Así pues, el monje acudió temeroso, ¿quién sabía qué podría pasar? Pero regresó sin temor, bailando. Acudió con los ojos bajos y volvió con la mirada señalando al cielo, casi volaba. Cayó a los pies de Buda y le dijo:

—Gracias, ¿qué ha sucedido? Cuando subía las escaleras de la casa, podía sentir incluso la entrada y salida del aire y el latido de mi corazón, tal era el silencio interior. Cuando surgía un pensamiento, podía observarlo. Subí las escaleras con paz absoluta. Mientras ascendía, sabía que estaba posando el pie derecho en el suelo y elevando el izquierdo. Cuando entré en la casa y me senté para comer, por primera vez en mi vida pude fijarme en cada bocado, incluso sentía las vibraciones de la mano. Podía sentir su tacto y experimentar el movimiento de la respiración. Estaba asombrado de que no hubiera nada en mi interior, solo absoluto silencio, no había pensamiento ni sensualidad.

—Cuando estás totalmente consciente y despierto en tu interior, con plena conciencia, todas las perturbaciones desaparecen. Sucede como cuando se enciende una lámpara que disuade a los ladrones. Estos no entran en una casa iluminada; del mismo modo, cuando una mente es plenamente consciente, cuando está iluminada, cesan las distorsiones y la mente se vuelve vacía —le explicó Buda.

En realidad, tú nunca has observado la ira porque si lo hubieras hecho habría desaparecido; nunca has observado los pensamientos sensuales, porque si lo hubieras hecho habrían desaparecido. Todo lo que se ve en el ámbito mental desaparece; todo lo que se ve de una forma total desaparece. Lo que queda es el amor, el auténtico celibato, la ausencia de ira, la paz, la no violencia y la compasión, todo lo cual es nuestra naturaleza y no tiene que traerse de ningún sitio. Solo se van los elementos externos que la cubren y todo aquello que está en nuestro interior se manifiesta.

Nuestra naturaleza esencial es lo divino y en ella surge espontáneamente la compasión, el amor, el celibato, la bondad, la no violencia, la sinceridad y el desapego. Cuando los elementos ajenos desaparecen, esa espontaneidad se manifiesta. Esta es la razón por la que afirmo que la iluminación es simple y natural. La cita de Kabir que he mencionado antes: «Buscadores, la iluminación espontánea es correcta» significa que quien observa se ilumina de forma natural; su inquietud desaparece y la verdad aflora desde dentro.

Esto no sucederá como resultado de seguir a nadie, sino volviendo hacia dentro, hacia tu propio ser, hacia tu interior, y siguiendo tus propios patrones de pensamiento. No tienes que seguir a Mahavira ni a Buda, sino observar cada movimiento de tu ira y tu sexualidad; has de fijarte en ellos y reconocerlos. No hay necesidad de crear ningún ideal: lo supremo está presente en tu interior. No tienes que convertirte en nada; si sabes quién eres, todo sucederá de forma espontánea.

Cuando estamos ocupados en convertirnos en algo nacen la complejidad, los enredos y el conflicto. No te esfuerces en convertirte en nada y comienza a conocer lo que es. No hay necesidad de preocuparse, ni temer la ira, la sexualidad, los celos, el odio, el apego ni la avaricia. No hay necesidad de sentir ningún temor; accede a estos sentimientos, toma conciencia de ellos, conócelos, examínalos conscientemente; obsérvalos, penetra en ellos.

Quien penetra en su avaricia alcanza la no avaricia; quien penetra en su ira alcanza la no ira; quien penetra en su sexualidad vive la experiencia del celibato, pero solemos permanecer fuera a causa del miedo y la agitación y nunca entramos en ellos ni deseamos conocerlos. No nos esforzamos por alcanzar sus raíces más profundas y nos mantenemos en el exterior por miedo.

La gente mala se destruye a sí misma mediante actos malvados y la gente buena se destruye a sí misma por miedo a obrar mal.

Sucedió una vez...

Un anciano estaba sentado a las afueras de su ciudad. Se trataba de un místico que vivía fuera de la población. Por la noche, vio que una enorme sombra de feroz aspecto entraba en la urbe.

—¿Quién eres? ¿De quién es esta sombra y adónde se dirige? —preguntó.

Entonces escuchó una voz que decía:

—Soy una plaga y he venido a matar a mil malvados de la ciudad.

—¿Solo a las malas personas? —preguntó él.

—Solo a esas —contestó la voz, añadiendo—: permaneceré en la ciudad durante tres días y mataré a mil malvados.

Durante esos tres días, miles de personas murieron en la ciudad y entre ellos no solo había malas personas, sino también buena gente, monjes y nobles. El anciano místico esperó a que la sombra partiera de la ciudad durante el tercer día para preguntarle por qué le había mentido.

Así pues, cuando la sombra regresó al tercer día el anciano místico la llamó:

—¡Detente! Dime por qué me has engañado. Me dijiste que ibas a matar a mil malvados, pero durante estos tres días has quitado la vida a miles de personas entre las que había mucha gente buena y honrada.

—He matado solamente a mil malvados y el resto han muerto de miedo. Yo no los he matado. Solamente soy responsable de la muerte de mil personas, las demás murieron por sí mismas —explicó la plaga.

Aunque se trata de una historia ficticia, tiene un fondo verdadero. La mala gente se muere a causa de la ira y la buena gente lo hace a causa del miedo a la ira; pero hay una tercera posibilidad: no se trata de tener ira ni de luchar contra ella, sino de conocerla. No se trata de irritarse y dejar que te domine el enojo ni de forzar un estado de templanza desde el miedo, se trata de conocer la ira y de este modo ponerle fin; al conocerla, desaparece; al conocerla, la complejidad desaparece. No existe una revolución mayor que ese conocimiento.

De camino hacia aquí alguien me preguntó: «¿Una vez logrado el conocimiento interior, qué haremos?, ¿una vez dispongamos de ese conocimiento, cómo será nuestra conducta?, ¿si alcanzamos ese conocimiento, cómo lo pondremos en práctica en la vida diaria? Pues bien, se trata de interrogantes mal formulados, es como si alguien preguntara: «Cuando hay luz, ¿qué deberíamos hacer con la oscuridad?» o «¿Qué deberíamos hacer con la oscuridad ahora que se ha encendido la luz?». ¿Qué podríamos contestarle?

Le diríamos: «Eso quiere decir que no has comprendido el significado de la luz». Encender la luz implica que ya no existe la oscuridad; del mismo modo, conocerse a sí mismo conlleva la ausencia de ignorancia; cuando la ignorancia desaparece, la conducta que nace de ella también lo hace. ¿Cómo podría permanecer? La ignorancia interna produce una mala conducta y el conocimiento interno da como resultado una buena conducta. Esto sucede de forma espontánea en ambos casos.

¿Acaso tú ocasionas la ira?, ¿lo has hecho alguna vez? En realidad, ha irrumpido en ti. ¿Has ocasionado alguna vez el odio? En realidad, ha venido a ti. Pero ¿qué implica el que «haya venido»? La existencia de una ignorancia interna de la que deriva la conducta equivocada; del mismo modo, cuando hay conocimiento interno surge la conducta adecuada. No tiene que cultivarse. Si hay un conocimiento interno, el amor, la compasión y la no violencia serán una consecuencia natural, de la misma forma que el odio, la crueldad y la violencia se presentan ahora. La ignorancia interna da lugar a una conducta equivocada, mientras que el conocimiento interno origina una conducta correcta. Esta última no puede imponerse, sino que brota, fluye y se manifiesta a través del conocimiento interno.

Todo fluye en la existencia, nada se provoca. Hemos hablado de que debería haber simplicidad, una ausencia de complejidad en la vida, pero esto no quiere decir que tú tengas que producir esa simplicidad, solamente significa que debes conocer tu complejidad y penetrar en ella. La forma de entrar en tu complejidad es ser consciente de ella y de todos los movimientos de la mente.

Ayer vimos que cuando eres testigo de los pensamientos surge la libertad; del mismo modo, cuando eres testigo de tus sentimientos, aparece la simplicidad. Quien comienza a conocer su pensamiento se libera de él y quien comienza a conocer sus sentimientos se libera de ellos. El conocimiento de los ámbitos del pensamiento y el sentimiento resulta liberador.

Cuando tenemos sentimientos y pensamientos complejos no podemos conocer la verdad, pero cuando estos se simplifican tiene lugar una preparación interior que te abre los ojos y te permite conocer la verdad. Esta es la razón por la que he hablado del segundo paso: la simplicidad de la mente.

Mañana hablaremos del tercer paso: el vacío mental. Solo se requieren tres pasos: la libertad de la conciencia, la simplicidad de la mente y el vacío mental. Aquel que acentúe con esa libertad, con esa simplicidad y con ese vacío alcanzará la iluminación.

Me siento agradecido por vuestra escucha amorosa. Me inclino ante lo divino que habita en vosotros. Por favor, aceptad mis saludos a la divinidad que mora en vuestro interior.

CAPÍTULO 3

La verdadera respuesta es tu percepción interna

La primera pregunta:

Osho, si en todas las escrituras religiosas hay hipocresía, ¿puede decirse lo mismo de los Vedas y las Upanishads?, ¿deberíamos considerarlos textos verdaderos o no?

En realidad, tú nunca lees lo que está escrito en los libros sagrados, sino lo que interpretas, es necesario comprender esto.

¿Crees que todo el mundo que lee el Gita o las Upanishads, la Biblia u otros libros sagrados entiende lo mismo? No cabe duda de que habrá tantas interpretaciones como lectores. Lo que tú asimilas no pertenece a las escrituras religiosas, sino que procede de tu propio entendimiento. Esto es natural, pues solo eres capaz de entender lo que se corresponde con tu nivel de comprensión, tu condicionamiento y tu educación.

Cuando comprendes el Gita, no creas que has entendido la exposición de Krishna; en realidad, lo que has captado son tus propios mensajes. Aunque hubiera alguna verdad en el texto, la verdad no se alcanza comprendiéndolo. Es necesario que entiendas esto correctamente. Un libro sagrado podría encerrar alguna verdad, pero la verdad no se conoce comprendiendo ese escrito; en cambio, cuando se ha alcanzado la verdad, se entienden las escrituras sagradas. ¿Por qué?

Hasta que no hayas conseguido el mismo nivel de conciencia desde el que Krishna se expresó, no es posible que comprendas sus afirmaciones y aquello que entiendas será únicamente tu propia interpretación. Esta es la razón por la que existe tanta controversia en torno a los libros sagrados. Se han escrito miles de comentarios sobre el Gita, lo cual puede indicar que Krishna estaba loco al transmitir mil significados a la vez o que solo deseaba comunicar un solo sentido. La existencia de miles de interpretaciones implica miles de significados; pero en realidad todos esos comentarios no tratan acerca del Gita de Krishna, sino que proporcionan información acerca de los intelectos de los autores, son proyecciones de sus propios pensamientos. No puede haber mil sentidos distintos en el Gita de Krishna. Pero lo cierto es que existen tantos significados como personas leen este libro sagrado. No deberías cometer el error de pensar que el mensaje que captas en el Gita es su verdadero significado: se trata del sentido que tú le aportas.

Cuando lees un texto sagrado no alcanzas la verdad sino que extraes el significado de lo que ya sabías previamente, lo cual no es la verdad. Cuando alguien conoce la verdad puede entender las escrituras religiosas, pero no es posible conocer la verdad mediante la comprensión de estas. Por esta razón, aunque los libros sagrados pertenecientes a todas las religiones expresan la misma verdad, sus seguidores luchan y se oponen entre sí. En nuestro mundo existen múltiples grupos religiosos en nombre de la verdad. La verdad es una y muchas las religiones. ¿No indica esto que somos nosotros quienes las creamos y no la verdad? A medida que siga creciendo la importancia del pensamiento, irán surgiendo tantas agrupaciones religiosas como personas. El pensamiento da lugar a que cada uno tenga su propia opinión individual.

Cuando digo que la verdad no puede alcanzarse leyendo los libros sagrados, es importante que entiendas lo que quiero decir. Solamente puedes entender lo que te permita tu nivel de comprensión y nada más. Al leer un libro sagrado lo que obtienes es tu propia interpretación, no el sentido del libro. Aunque haya alguna verdad en él, no la alcanzarás estudiándolo. Por eso afirmo que la forma de conocer la verdad no es el estudio, sino la meditación. Leer diversos textos y coleccionarlos en la memoria no es la verdad. Sin embargo, cuando alcanzas el estado de nada al desechar todo pensamiento —ya no hay pensamientos en tu conciencia— lo que percibes en ese estado de silencio es la verdad. Una vez has experimentado la verdad, los libros sagrados ya no tienen sentido. Sabes por ti mismo el mensaje de esos escritos.

Creo que lo que digo habrá quedado claro ahora. Estoy hablando aquí; solamente hay un orador y soy yo. Existe un único propósito y significado en lo que estoy transmitiéndote. ¿Crees que tú, el receptor, estás escuchando exactamente lo que digo? Si estuvieras escuchando exactamente lo que digo y te preguntara qué he dicho, ¿crees que todos vosotros tendrías la misma opinión? Habría diversas versiones, lo cual significa que no todos habéis escuchado lo mismo. Todos habéis entendido cosas diferentes. Esto es inevitable ya que vuestros pensamientos y condicionamientos son tan personales que mi mensaje adquiere un significado completamente distinto cuando llega a vosotros. Luego, proyectáis ese significado en mí y afirmáis que yo he dicho eso.

Del mismo modo, proyectas tu propia interpretación en Krishna, las Upanishads y Cristo y luego afirmas que se trata de su mensaje. Nunca te dejes engañar por esta ilusión. Cualquier afirmación que hagas, solo tú la mantienes y no deberías atribuir su autoría a nadie más. Si te hallas en posición de saber la verdad, no es necesario que te leas los libros sagrados y si no lo estás, nada sucederá leyéndolos.

Esta es la razón por la que digo que alguien puede continuar leyendo libros sagrados toda su vida, puede leer tantas escrituras religiosas como desee, sin que nada suceda. Solamente coleccionará una gran cantidad de pensamientos y si lo desea podrá impartir conferencias; su ego sentirá satisfacción al hacerlo porque no hay nada más satisfactorio para él. El deleite y disfrute que se obtiene en el papel de orador no es comparable a nada.

Después de leer los libros sagrados puedes dedicarte a predicar
o elaborar nuevos escritos, si lo deseas, pero nunca te enfrentarás
cara a cara con la verdad. Para que la verdad se manifieste no necesitas una colección de pensamientos, sino que habrás de despojarte
de ellos y vaciarte. La verdad está presente en tu interior; la verdad
está presente en todo lo que te rodea, pero no tienes ojos para verla.
Suele relatarse un conocido suceso de la vida de Buda...

> Buda había llegado a un pueblo y algunos lugareños le
> llevaron a un ciego diciendo:
> —Este hombre es amigo nuestro y no puede ver. Aunque
> tratamos de explicarle que la luz existe y que hay un Sol, él se
> niega a creernos y no solo no lo acepta, sino que trata de conven-
> cernos de que la luz no existe; utiliza para ello una lógica y un ra-
> zonamiento tan impecables que invariablemente él gana la discu-
> sión. Cuando nos enteramos de tu llegada, pensamos en traértelo
> para que puedas hacerle comprender la existencia de la luz.
> —No, no voy a hacerle comprender nada, pero sí puedo ha-
> ceros comprender a vosotros unas cuantas cosas —replicó Buda.
> Los amigos estaban sorprendidos.
> —¿Qué necesitamos comprender? Cuando le explicamos
> que la luz existe nos dice: «Si la luz existe, me gustaría tocarla y
> sentirla, ya que es posible tocar y sentir todo lo que existe» o «Si
> la luz existe, me gustaría escuchar su sonido, oír su voz, ya que
> todo lo que existe puede frotarse contra otra cosa y producir un
> sonido»; así pues, nos sentimos impotentes —explicaron ellos.
> —El error es vuestro. Es una locura tratar de describirle la
> luz a un ciego. La luz no puede explicarse: has de verla por ti
> mismo. No tienes que desarrollar una noción de lo que es la luz,
> solo has de experimentarla. Si tratáis de exponerle lo que es la
> luz sabiendo perfectamente que se trata de un ciego, estáis
> locos y sus argumentos son válidos; es mejor llevarle a un mé-
> dico que a un pensador. Necesita un tratamiento, no razona-
> mientos. No tratéis de hacerle entender, sino proporcionadle un

tratamiento. Si pudiera ver, descubriría lo que es la luz sin necesidad de explicárselo. Al estar ciego, por mucho que lo intentéis, nunca podrá saber lo que es la luz —declaró Buda.

Así pues, lo llevaron a un médico para que recibiera un tratamiento y al cabo de un tiempo desapareció la opacidad de sus ojos y pudo ver. Entonces confesó a sus amigos lo siguiente:

—Lo siento, amigos. Aunque la luz existe no tenía ojos para ver. Todo lo que me decíais era inútil. No tenía ningún sentido tratar de explicarme con palabras algo que no experimentaba por mí mismo. Vuestras palabras me parecían vacías y me daba la impresión de que solamente iban dirigidas a probar mi condición de ciego. Ahora sé que la luz existe porque tengo ojos para ver.

Igualmente, la verdad es algo que no puede pensarse, sino que ha de ser percibida directamente. La verdad no puede estudiarse, sino que ha de ser experimentada. Para verla también has de abrir una especie de ojo interior, solo así es perceptible, no leyendo ningún libro sagrado. Puedes explicarle a un ciego todo lo que desees sobre la luz, pero ¿qué pasará? Es posible que él también empiece a repetir tus palabras, pero estas no le abrirán los ojos ni le permitirán experimentar la luz. No podrá tener una percepción directa de ella.

También es necesario tener ojos para ver la verdad, no pensamientos ni estudios. Se requiere una búsqueda interior y un método. Ningún libro sagrado puede revelarte la verdad, pero eso que los textos no pueden darte puede ser alcanzado por medio de la búsqueda interior.

No quiero decir con esto que todas las escrituras religiosas están equivocadas; no deberías pensar que estos escritos no contienen la verdad. Lo que digo es que la verdad no puede alcanzarse por medio de ellos; no puedes conocer la verdad leyendo libros sagrados. Aunque existen textos que describen la luz, resultan inútiles para un hombre ciego. No estoy diciendo que lo escrito en ellos esté mal, sino que no le abrirán los ojos. Para eso se requiere un tratamiento diferente. Si tienes esto presente podrás entender mis palabras.

No puedes alcanzar la verdad mediante ninguna lectura. Si esto fuera posible se habrían creado escuelas para enseñarla; no habría resultado complicado y en estos lugares podrías alcanzar la verdad. Allí la gente leería determinados libros y descubriría la verdad. Aunque puedes aprender ciencias mediante el estudio, no sucede lo mismo con la religión. Los textos científicos resultan de utilidad, pero los religiosos representan un obstáculo. En el ámbito científico, el estudio te permite explorar todos los aspectos de la materia y existen libros que tratan sobre ello, pero lo referente a la conciencia no puede conocerse por este medio: solo puedes experimentarlo.

La misma persona que había planteado este interrogante también ha preguntado lo siguiente:

Osho, el ser humano no es sabio de nacimiento, tiene que estudiar. ¿Por qué ha de estudiar para tener una vida satisfactoria?

Si has entendido lo que acabo de exponer, me gustaría añadir que la plenitud no se consigue estudiando las escrituras sagradas, sino estudiando la propia vida. ¿Hay algo más grande que el estudio de la vida?, ¿no proceden todos los libros sagrados de ese estudio?

Dado que todos esos pensamientos brotan del estudio de la existencia, ¿no sería mejor estudiar la vida en lugar de recopilar información de segunda mano? ¿Si alguien me habla sobre el amor, aprenderé del amor? ¿No necesito conocerlo yo mismo y experimentarlo directamente? ¿Puedo experimentar el amor a partir de la experiencia de otro ser humano? ¿No sería mejor amar para experimentar el amor?

Cuando se nos ha dado la vida, deberíamos estudiar la propia vida, pero en lugar de eso, comenzamos a estudiar los libros sagrados que están completamente muertos. Mientras tenemos la vida delante de los ojos, optamos por estudiar textos religiosos.

Al hilo de lo anterior, recuerdo un episodio de la vida de Rabindranath Tagore…

> Este poeta se dedicaba al estudio de la estética y deseaba saber qué es la belleza. Aunque investigó mucho y leyó numerosos libros, no encontró un concepto claro de la belleza.
>
> En una ocasión pernoctó en una casa flotante. Era una noche de luna llena y se encontraba sentado en una diminuta habitación leyendo sobre estética. Alrededor de las dos de la madrugada se sintió cansado. Cerró el libro, apagó la lámpara y se acomodó en la silla. Mientras permanecía sentado dirigió la mirada hacia la ventana. De pronto, se incorporó de un salto, se acercó a la ventana y exclamó:
>
> —¡Pero qué tonto he sido! La belleza estaba ante mis ojos ¡y yo buscándola en los libros!

Aunque la belleza está siempre presente hay locos que la buscan en los libros; igualmente, aunque el amor está siempre presente, hay locos que lo estudian en diversos textos y aunque la existencia está siempre presente, también hay locos que tratan de encontrarla en escritos. ¿Qué es esta vida que no rodea? ¿No están Dios, la verdad y la existencia presentes en cada momento? Lo están, pero no estamos preparados para verlos, ni tampoco lo deseamos ni disponemos del bagaje interno para ello.

Así pues, pasas por la vida sin ser capaz de verla. Me preguntarás: «Pero ¿de qué estás hablando? Estamos vivos día y noche; desde la mañana al anochecer; desde el anochecer a la mañana: durante todo el día», pero yo te digo que pasas por la vida sin conocerla.

Esta es la razón por la que surge el cuestionamiento de la existencia de Dios. Si conocieras la vida, habrías descubierto que lo divino está presente en tu interior; por esta causa, te cuestionas la existencia del alma y de la reencarnación.

Para quien conoce la vida, la muerte desaparece, no puede existir. Pero tú no conoces la vida. ¿No es verdad que todos nosotros tememos a la muerte? Si conociéramos la vida, ¿nos inquietaría la muerte? ¿Puede acabar la vida? ¿Podemos llamar vida a algo que puede morir? La vida es algo que no muere. Aquello que es la vida no tiene fin, pero no estamos familiarizados con ella.

¿Por qué sucede esto? Porque la vida tiene lugar en el presente y nosotros permanecemos en el pasado o en el futuro. La vida acontece en el presente. Existen tres divisiones temporales: el pasado, que ya no está; el futuro, que no ha llegado aún, y el efímero instante del ahora que es el presente. Pues bien, nosotros nunca estamos en el presente vivo. Se trata de un momento fugaz y antes de que tomemos conciencia de él, ya forma parte del pasado y nuestra mente está en el pasado; nos pasamos la vida pensando en el pasado o en el futuro, por esta razón, nos perdemos el presente, lo que es, aquello que es en este preciso instante.

En una ocasión llevé a un amigo que acababa de regresar del extranjero a dar una vuelta en barca por un río situado en un paisaje montañoso. Se trataba de un gran poeta que había viajado por todas partes y había visto numerosos ríos y montañas; había estado en muchos lugares hermosos.

Tenía intención de llevarle a ver lugares de interés y él me preguntó:

—¿Qué habrá allí? Ya he visto muchos lagos, bellas montañas y cascadas.

—Aun así deberías venir. ¿Por qué? Porque creo que cada cosa tiene su propia belleza y la belleza de una cosa no es comparable con la de otra, porque todo es único en este mundo y no hay dos cosas iguales. Incluso un pequeño guijarro es único a su manera. Aunque buscaras por toda la tierra no encontrarías otra piedra igual. Vayamos a ver ese humilde paisaje —le contesté.

Así pues partimos y durante dos horas viajamos en barca por el río entre las montañas. Durante el trayecto no dejaba de hablar de los lagos de Suiza y de Cachemira y yo lo escuchaba. Cuando regresamos al cabo de dos horas exclamó:

—Era un lugar sumamente hermoso.

Yo le dije tapándole la boca:

—No digas nada más porque estuve allí solo. Tú no viniste, solo yo estuve allí.

—¿Qué estás diciendo? Hemos viajado y hemos visto todo juntos —replicó.

—Aunque se nos veía juntos, tú no estabas allí conmigo. Probablemente estabas en Suiza o en Cachemira, pero no en esas pequeñas montañas ni en ese río. No estabas presente. No veías lo que tenías ante ti, estabas distraído con tus recuerdos. Lo que estaba presente permanecía oculto a causa de la película de la memoria; ahora me doy cuenta de que lo que dices acerca de lo lagos suizos también debe ser falso porque he comprendido el hábito de tu mente; seguramente estarías mentalmente en otro sitio cuando mirabas esos lagos —le expliqué.

Ese es el hábito de nuestras mentes. La mente no está donde nosotros estamos, sino donde no estamos. De este modo, estamos privados de la vida. Estamos pensando en el pasado o en el futuro y en ambos estados nos perdemos lo que tiene lugar en el momento presente, nos vemos privados de ello. Como he mencionado antes, la vida tiene lugar en el presente, no en el pasado ni en el futuro.

A causa de esta mente que siempre está vagando por el pasado o el futuro seguimos desconociendo el flujo constante de la vida. Es necesario que estudies la vida. No dejes que tu mente habite en el pasado ni se vaya de forma innecesaria hacia el futuro. Tráela de vuelta y hazla presente a lo que está presente. Si estás sentado bajo la luna, permanece con la luna un rato y suelta las preocupaciones del pasado y el futuro; si estás sentado junto a una flor, permanece con la flor un rato y suelta los pensamientos. Observa la vida y deja de pensar: te asombrará descubrir que aquello que estabas buscando en las escrituras religiosas ha estado constantemente presente y al alcance. Aquello que no puedes obtener de los libros sagrados está siempre a tu disposición.

Estamos ausentes. Recuerda: la verdad está siempre presente, pero nosotros estamos ausentes. La existencia está constantemente presente, pero nosotros no la afrontamos. Tenemos los ojos cerrados, o bien están distraídos en otro lugar.

Yo te digo: «Desde luego que has de estudiar, pero estudia la vida». Pues bien, el requisito para estudiar la vida es soltar los pensamientos y observar la vida directamente.

¿Has mirado alguna vez un rostro sin pensar? ¿Has mirado alguna vez a alguien a los ojos sin pensar? ¿Has alzado alguna vez la mirada y contemplado el sol sin pensar? ¿Has mirado el océano sin pensar? Una montaña, una colina, una flor, un árbol, un camino, la gente que camina por la calle… ¿Has mirado alguna vez algo sin pensar?

¿Si no miras de este modo, cómo vas a conocer la vida? Estarás rodeado por tus pensamientos. La vida fluye. Deja de pensar y observa; pon fin al pensamiento y observa; deja que los pensamientos se detengan y observa: aquello que ves es la vida. No hay un estudio más importante que el de la propia vida, ninguna escritura religiosa lo supera. Si se borraran o destruyeran todos los libros sagrados, la verdad no desaparecería, pues está siempre presente. Si los escritos sagrados aumentaran —y lo están haciendo, he oído que en el mundo se publican alrededor de cinco mil libros cada semana— imagina qué pasaría al cabo de un tiempo. No habría espacio para el ser humano a causa de tantas publicaciones.

Incluso con todos esos textos, ¿qué está sucediendo? ¿Dónde está el ser humano? El ser humano continúa retrocediendo cada día. Los libros aumentan y el ser humano retrocede y los primeros continuarán creciendo y él seguirá decreciendo. Poco a poco, habrá montañas de libros, ¿y el conocimiento de la vida? El conocimiento de la vida del ser humano estará vacío. La vida no se estudia ni con los libros sagrados ni con las palabras, sino siendo consciente de la vida, estando despierto.

Así es como lo veo, espero que comprendas mis palabras. Si tienes que estudiar algo, estudia la propia vida. La vida es el libro abierto de Dios. Se afirma que Dios escribió los Vedas; también se afirma que

Dios envió a su único hijo, Jesucristo, y que escribió la Biblia. Todo eso es una locura. Dios ha escrito una única obra y se trata del libro de la vida. No hay ningún otro libro escrito por Dios. La firma del ser humano está en todos los demás libros. El resto ha sido escrito por la mano del hombre; pero solo hay un libro de la vida que está escrito por Dios. Si tienes que llamarlo los Vedas, hazlo; si tienes que llamarlo la Biblia, hazlo. Estudia la vida, que es el libro de Dios. Conócela, reconócela, y no dejes que otros libros participen. Si intervienen otros libros, te impedirán estudiar la vida. No dejes que nada interfiera y observa la vida directamente. Si deseas entrar en contacto directo con lo divino, ¿por qué necesitas consultar un libro?, ¿acaso estás en el colegio?, ¿por qué necesitas cargarte de textos?

Unos interponen el Ramayana entre ellos y la existencia; otros, la Biblia, y otros, los Vedas: se trata de textos sumamente gruesos que no te dejarán ver a Dios. Has de deshacerte de ellos. Si lo divino puede ser recibido directamente, ¿por qué colocas un libro en medio? No hay necesidad de colocar nada entre tú y lo divino ni un libro ni un maestro ni un *tirthankara* ni un avatar ni un hijo de Dios. No hay necesidad de poner nada en medio. Quien lo hace se privará de la vida.

Recuerdo un relato...

Una noche, un místico sufí soñó que había alcanzado el cielo de repente. Llegó a la tierra de Dios donde estaban celebrándose diversos festejos. El camino estaba abarrotado de gente que portaba grandes luces y banderas, y todo el lugar estaba bien iluminado y decorado; se trataba de alguna clase de festividad. El místico se detuvo a un lado del camino y preguntó a alguien por la causa de que estuvieran congregadas millones de personas, pues deseaba saber qué estaba sucediendo. El hombre le contestó:

—Van a sacar a Dios en procesión. Hoy es su cumpleaños.

—¡Qué suerte que he venido hoy y tengo la oportunidad de presenciarlo! —exclamó el místico.

Entonces, llegó por el camino otra muchedumbre que formaba una gran comitiva. El señor Buda estaba sentado en un caballo seguido por millones de personas.

—¿Ha llegado la procesión de Dios? —preguntó el místico a alguien.

—No, esta es la procesión de Buda; sus seguidores caminan detrás —contestó el hombre.

Después vino la procesión de Rama seguida por la de Mahavira, la de Cristo, la de Krishna y la de Mahoma, y en cada una de ellas había millones de personas.

—¿Dónde está la procesión de Dios? —preguntó el místico.

—Estas son las procesiones de sus encarnaciones, de sus amados —le respondía la gente.

El místico pensó: «Si sus encarnaciones tienen unas procesiones tan grandes, ¿cómo será la del propio Dios?».

Finalmente, después de que todas las procesiones hubieran pasado, vio acercarse un caballo que parecía muerto en el que iba sentado un anciano.

—¿Por qué no ha pasado la procesión de Dios todavía? —preguntó el místico.

—Estás viendo la procesión de Dios —le respondió la gente.

Nadie acompañaba la procesión de Dios. Estaba solo porque algunos se habían ido con Rama, otros con Krishna, otros con Mahavira, otros con Buda, otros con Cristo y el resto con Mahoma: nadie estaba con él. Nadie acompañaba su procesión; aunque se suponía que era su cumpleaños, nadie se había unido a su cortejo.

Esto es lo que ha sucedido. Libros, maestros, encarnaciones y el hijo de Dios se han interpuesto entre tú y Dios a pesar de que cualquier contacto con Dios ha de ser directo e inmediato.

Has de tener contacto directo con el amor. No puede haber interferencias. Si amo a alguien y otra persona se pone en medio, ¿cómo puede florecer el amor? Si oro y otra persona se pone en medio, ¿cómo puede suceder la oración? El amor ha de ser directo, sin intromisiones. La oración es también amor, un amor infinito. También se realiza directamente. No puede haber nadie en medio ni un libro ni unas palabras ni un maestro. Es necesario que te deshagas de cualquier interferencia, que la apartes. Si deseas alcanzar la verdad y lo divino, retira todo lo que haya en medio. Te bastas solo. Simplemente estudia la vida y conócela. Únicamente lo que recibes de la vida es verdadero, solo eso está vivo, solo eso libera.

Alguien ha preguntado lo siguiente:

Osho, ¿deberíamos derivar la práctica de disciplina interna del concepto de *samadhi* del hatha yoga, del raja yoga o de alguna otra vía?

¿Acaso hay varios tipos de *samadhi*?, ¿es diferente el *samadhi* del hatha yoga que el del raja yoga?

Lo hemos dividido y etiquetado todo. Hemos establecido gradaciones en todo; en nuestra mente están presentes los hábitos y costumbres del comercio donde todo tiene una etiqueta, todo está dispuesto en cajas separadas, todo tiene su estante, y aplicamos esta misma dinámica a la religión. Mantenemos esa misma actitud en todos los ámbitos: pensamos que todo consiste en diferentes divisiones.

Había un *baul* místico en Bengala que era devoto de Vishnu. Los *baul* hablan de amor y dicen que el amor lo es todo. El amor es Dios. En una ocasión, lo visitó un gran erudito, quien le preguntó:

—¿Sabes cuántas de clases de amor existen?

—¿Amor de diferentes clases? Nunca he oído tal cosa. Conozco el amor y no sé nada de diferentes clases de amor —contestó el *baul*.

—Eso significa que no sabes nada. Has malgastado tu vida. En todas las escrituras sagradas está escrito que existen cinco clases de amor. Si ni siquiera sabes cuántos tipos de amor existen, ¿cómo vas a saber lo que es el amor? —le retó el erudito.

—Si está escrito en los textos sagrados debe ser cierto. Tal vez esté equivocado. Solo conozco el amor y no tengo idea de diferentes tipos de amor. De todos modos, ya que me has hablado de ello, estoy dispuesto a escuchar; por favor, léeme tu libro sagrado —respondió el *baul*.

Así pues, el erudito abrió su libro y le leyó acerca de los distintos tipos de amor; una vez concluyó la lectura, preguntó al místico:

—¿Has entendido lo que te he leído?, ¿ha ejercido algún efecto en ti?

El *baul* se echó a reír y preguntó a su vez:

¿Ha tenido algún efecto en mí? Cuando estabas leyendo el libro me ha parecido como si un orfebre llevara su piedra de toque a un jardín para examinar las flores y ver cuáles son reales y cuáles falsas. Así me he sentido —y añadió—, ¡tú estás loco! ¿Puede haber diferentes tipos de amor?, ¿acaso puede haber amor cuando se han establecido divisiones?

El amor es solo uno; la iluminación es solo una y no puede haber veinticinco tipos de iluminación. Existen muchos tipos de enfermedades, pero la salud es una; existen muchas clases de perturbaciones, pero la paz es una; existen muchos tipos de problemas, pero la iluminación es una.

Quienes poseen una mente libresca establecen divisiones y analizan: esto pertenece a ese o aquel tipo: el tipo del raja yoga, el tipo del hatha yoga, el tipo del bhakti yoga, etc. Pero en el yoga no existen compartimentos ni nada parecido. Solo hay un yoga. Las divisiones han sido creadas por los eruditos, los cuales no poseen la comprensión de un discípulo. Un erudito se complace en analizarlo todo. Si leyeras los libros sagrados encontrarías divisiones sumamente sutiles en ellos. Si bien han sido estudiados y fragmentados en detalle, todo eso no son más que palabras. Hay locos que se sienten sumamente impresionados por las divisiones y los análisis, ya que piensan que se trata de algo muy especial.

Pero la vida no tiene divisiones: es una y la iluminación también es una. ¿Cuál es el significado del *samadhi*? Significa una mente que se ha aquietado tanto que no queda en ella problemas ni perturbaciones. La mente está completamente vacía, de modo que no hay actividad, distorsiones ni insatisfacción. Cuando la mente alcanza tal estado de ecuanimidad que no se produce movimiento ni agitación en ella, en ese supremo estado de paz se conoce la verdad. El *samadhi* constituye la puerta hacia la verdad.

No hay diversas clases de iluminación ni de yoga. Las divisiones y categorías que establecemos en las escrituras sagradas son nuestras. Nos aferramos a ellas y pensamos que ese fraccionamiento debe existir.

No existen las categorías. Ahondaré más en esto mañana cuando hable del vacío mental y seguiré profundizando también en el tema del *samadhi*. Trataré de explicarlo más a fondo a fin de que puedas captar mi visión sobre este asunto.

En realidad, todas estas cosas son una. Si nos parece que existen muchas clases de iluminación o de yoga, se trata de un error de percepción. No cabe duda de que estamos equivocándonos. A partir de esas denominaciones surgen diversas creencias y agrupaciones religiosas que tienen sus seguidores y sus detractores y, de este modo, se crea confusión en el mundo. La verdad se aparta en una esquina, mientras que la gente se ocupa en contrastar sus opiniones sobre la verdad.

En una ocasión, un hombre fue a visitar a un maestro zen y le contó que quería conocer la verdad. El maestro le preguntó:

—¿Quieres conocer la verdad o saber acerca de la verdad? Si deseas lo segundo, habrás de buscar en otro sitio. Encontrarás mucha gente que te hable acerca de la verdad; en cambio, si lo que deseas es conocer la verdad deberías quedarte, pero no vuelvas a preguntarme sobre ella.

El hombre estaba muy sorprendido.

—Me parece bien. He venido para conocer la verdad. Me quedo —respondió.

—Esta comunidad se compone de quinientos monjes y se cocina arroz para ellos todos los días. Puedes vivir en la choza situada cerca de la cocina. Tu trabajo consistirá en lavar el arroz cada día. No hay necesidad de que hagas nada más. No tienes necesidad de hablar mucho ni de chismorreos. No te daremos un hábito de monje. Solo tendrás que lavar el arroz y recordar una sola cosa: cuando estés desempeñando esa tarea, deberías estar haciendo eso y nada más. Haz solo eso. Cuando estés cansado acuéstate y cuando te despiertes, prosigue tu trabajo. Eso es todo. No debes venir a verme de nuevo. Si hay necesidad de vernos yo iré a buscarte —le explicó el maestro.

Transcurrieron tres años y el hombre se dedicó a limpiar el arroz. Nadie en la comunidad sabía de su existencia ni de su labor. Los otros miembros de la comunidad estaban ocupados pensando en lo que era la iluminación y la verdad, debatiendo y leyendo escrituras religiosas. Así pues, el hombre, que solo lavaba arroz, permanecía en la sombra. No tenía acceso a los libros sagrados ni hablaba con nadie. Los quinientos monjes pensaban que era un simple o un loco: «Se pasa el día lavando arroz, ¿quién es, un sirviente?».

Poco a poco, todo el mundo se olvidó de él. ¿Quién iba a acordarse de semejante individuo? La gente solo recuerda a alguien que hace ruido y alborota. El pobre hombre siguió lavando el arroz tranquilamente en la sombra. ¿Quién iba a recordarle? Todos lo olvidaron. Ni siquiera sabían de su existencia. Simplemente, se trataba de uno de los objetos de la comunidad.

Transcurrieron casi diez años. Nunca había hablado con nadie ni había participado en ningún debate de la comunidad. Simplemente, seguía lavando el arroz y durmiendo cuando lo necesitaba. Al principio, por algún tiempo, le pasaban por la mente pensamientos antiguos, pero siguió lavando arroz de modo que no pudieran surgir otros nuevos. Nunca generó nuevos pensamientos. ¿Durante cuánto tiempo seguirían circulando los antiguos? Él se dedicaba a lavar arroz y su atención estaba siempre puesta en el arroz. Cuando alzaba el palo de bambú, su mente se alzaba con él y cuando este caía sobre el arroz, su mente caía con él. Cuando levantaba el arroz, su mente también levantaba el arroz y cuando soltaba el arroz, su mente también soltaba el arroz. Cuando comía, su mente también comía y cuando se acostaba, su mente dormía.

Transcurrieron doce años de esta manera. Durante ese tiempo, ¡quién sabe la cantidad de eruditos que produjo la comunidad y cuánto conocimiento recopilaron! Y, mientras tanto, ese pobre hombre permanecía tan ignorante como antes.

Al cabo de doce años, el maestro había envejecido. Un día anunció a la comunidad que dejaría su cuerpo en un par de días y que deseaba elegir un sucesor.

—El discípulo que merezca ocupar mi lugar será mi sucesor. Para hacer la selección, me gustaría que todos vosotros escribáis cuatro frases sobre la verdad en una hoja y me la entreguéis. Si veo que alguien ha experimentado la verdad y da la respuesta correcta, le haré mi sucesor y ocupará mi lugar. Recordad lo siguiente: no podéis engañarme. Distinguiré al instante las respuestas que sean una copia de las escrituras sagradas de las que sean genuinas. De modo que no tratéis de engañarme —anunció el maestro.

Todo el mundo en la comunidad sabía que el maestro se daría cuenta de cualquier fraude y no podía ser engañado. Después de mucho vacilar, uno de los discípulos reunió el valor necesario para escribir algo, pues era considerado el más docto de todos ellos. Ni siquiera tuvo la osadía de llevarle la respuesta directamente. A mitad de la noche, cuando nadie podía verlo, se levantó como un ladrón y escribió su respuesta —cuatro frases— en la pared.

Había dado una respuesta correcta. Sin embargo, cuando el maestro la vio por la mañana gritó:

—¿Quién es el loco que ha estropeado la pared?

Incluso nosotros hubiéramos dado por válida la respuesta pero el maestro gritó:

—¿Quién es el loco que ha estropeado la pared? ¡Cogedlo y traédmelo!

El discípulo no había dejado su firma y se había ocultado para que nadie supiera que el autor era él porque el maestro había añadido:

—No son más que tonterías de las escrituras sagradas. Es algo que el autor ha aprendido en algún libro.

La noticia se extendió por toda la comunidad. Sucedió que dos discípulos hablaban sobre el asunto cuando pasaban cerca de donde el hombre lavaba arroz diciendo:

—¡Qué frase tan excepcional! Ha escrito que la mente es como un espejo en el que se acumula el polvo de los pensamientos y las distorsiones, y que si limpias el polvo descubrirás la verdad. ¡A pesar de ser una frase incomparable, el maestro insiste en que son tonterías! ¿Qué pasará ahora? ¿Quedará vacante la función de maestro?

El hombre que lavaba arroz se rio. Nadie lo había visto reírse con anterioridad.

—¿Por qué te ríes? —le preguntaron.

—Así, sin más, por nada —contestó él.

—Aun así, debe haber una razón para reírse —insistieron ellos.

—El maestro tiene razón. Ese hombre ha estropeado la pared —declaró él.

Nadie lo había oído hablar antes.

—Tú, bobo, ¿acaso sabes la respuesta correcta? —le retaron ellos.

—Se me ha olvidado escribir. Si os parece os la digo y vosotros la escribís —y esto es lo que les dijo:

—Si no hay espejo, ¿dónde va a acumularse el polvo? Quien conoce esta verdad, conoce la verdad. Escribidlo.

En ese momento, el maestro acudió corriendo y cayó a sus pies diciendo:

—Estaba esperando este día. Tú eras mi única esperanza.

Este hombre había alcanzado el *samadhi*. Quienes están interesados en los libros sagrados solo leen libros sagrados, pero ese hombre se había iluminado.

Solamente existe un *samadhi* y requiere que los pensamientos vayan cesando poco a poco. La mente debería ir desapareciendo lentamente. Lo que permanece tras la desaparición de la mente es la verdad. En el momento en que encuentras la verdad, alcanzas la iluminación de forma inmediata, independientemente de tu punto de partida y del modo en que la logras. La esencia del *samadhi* reside en una mente vacía sin pensamientos y lo que permanece es el alma, es la verdad, es la iluminación. Aunque puedes ponerle el nombre que desees, eso no supone ninguna diferencia.

Osho, ¿la iluminación, alcanzar la verdad y tomar conciencia de la divinidad significan lo mismo?

Sí, desde luego que sí. Si preguntas a los eruditos, te dirán que tienen significados completamente diferentes. Tú dices: «Dios» y un jaina dirá que no hay ningún Dios.

Tú dices «Alma» y los budistas preguntarán: «¿Qué alma? ¡Si el alma no existe!».

Si dices «Verdad», alguien replicará: «¿Verdad?, la Verdad no puede expresarse con palabras».

El alma, la verdad y Dios parecen conceptos distintos. «Aquello que es» no posee nombre. Un nombre es un mero arreglo provisional: puedes designarlo de otra manera.

¿Acaso crees que tu nombre te define?, ¿crees que el nombre de una cosa la identifica? Ese nombre se le ha dado desde fuera, como algo superpuesto. Es tan solo un arreglo provisional. Si tus padres te llaman Rama te conviertes en Rama. ¿Crees que entonces tu nombre es Rama?, ¿naciste con un nombre?, ¿morirás con un nombre? Se trata de una etiqueta de mala calidad sin capacidad de adherencia que te han puesto desde el exterior; si tiras de ella un poco, se despega. Si lo deseas, puedes ir al registro, pagar una cierta cantidad y cambiarte de nombre.

Un nombre no tiene ningún significado. Nadie tiene nombre. Todo el mundo carece de él. Un nombre es una invención humana; se trata de uno de los múltiples inventos de la humanidad. Aunque es sumamente peligroso, es también necesario y has de utilizarlo. Pero nadie tiene nombre: ¿cómo podría tener nombre la totalidad de la existencia?

Algo no funciona en nuestra mente: ha desarrollado el hábito de nombrarlo todo. Hoy en día incluso ponemos nombre a las casas; sigue funcionando el viejo hábito de siempre. Ponemos nombre a nuestros hijos, a las viviendas, a los caminos, a los cruces y a nuestros dioses. Nuestras mentes tienen la costumbre de nombrar porque de otro modo, ¿cómo nos identificaríamos unos a otros? Así pues, asignamos un nombre a algo y entramos en conflicto porque alguien comienza a denominarlo de otra forma y una tercera persona también lo designa distinto.

Es como si un niño tuviera dos o tres padres, pero no supiera quién de ellos es el verdadero, y cada uno le pusiera un nombre diferente para después comenzar a pelear acerca del auténtico nombre del muchacho. Pues bien, esta es la situación en la que se encuentra Dios. Él es tu padre, tiene varios hijos, cada uno de ellos le ha dado un nombre y todos afirman que su nombre es el verdadero.

Dios no tiene nombre. «Aquello que es» no tiene nombre. Puedes llamarlo la verdad, el alma o Dios. Los nombres varían solamente porque lo hemos llamado de distintas formas, de modo que es mejor decir «la verdad» o más correctamente «aquello que es». Si sientes amor por ello, puedes llamarlo Dios o el alma, pero recuerda que no tiene nombre. Si no hubiera seres humanos en el mundo, nada tendría nombre. Los nombres son una invención humana.

Los nombres han generado incontables problemas y dificultades; por un nombre han muerto numerosas personas y se han producido gran cantidad de matanzas. La gente comienza a luchar porque alguien llama a Dios Alá y otro lo denomina Rama.

¿Sabes cuánta locura han provocado los nombres? Si tuvieras que pensar en esta locura te sorprenderías de que un mundo que está en conflicto a causa de los nombres se considere religioso: ¡se trata de un mundo loco que lucha a causa de las denominaciones!

Una vez se hospedó en mi casa un monje amigo mío. Por la mañana me dijo que quería ir al templo:

—¿Por qué? —le pregunté.

—Quiero sentarme en silencio y tener un poco de paz. Quiero recordar a Dios durante un rato —me contestó.

Le informé de que el templo estaba situado en el ruidoso mercado de una localidad populosa; sin embargo, la iglesia estaba a un paso de casa, de modo que era mejor que acudiera a ella, ya que allí encontraría paz y soledad a raudales. No habría ningún problema porque estaría vacía.

—¿Qué?, ¿una iglesia?, ¿pero qué estás diciendo? —replicó mi amigo.

—¿Qué diferencia hay aparte del nombre? —le pregunté—; si compras un señalización mañana, puedes retirar la que dice «iglesia» y remplazarla por una que indique «templo» y se convertirá en un templo. Después de todo, se trata de un simple edificio. ¿Acaso un nombre u otro supone alguna diferencia?

Un amigo mío ha adquirido hace poco una iglesia en Calcuta y la ha convertido en un templo. Los cristianos acudieron hasta el día antes de la compra, pero ahora ningún cristiano visita el templo y aunque hasta entonces a ningún jaina se le habría pasado por la cabeza entrar, ahora sí lo hacen. ¡Por un nombre toda esta locura! El edificio es el mismo, las paredes son las mismas, el suelo es el mismo, todo es lo mismo, pero ahora es un templo y antes una iglesia. Hasta hace poco era la morada de un cierto Dios y ahora se ha convertido en la residencia de otro Dios, como si hubiera muchos dioses.

Nuestro aferramiento a los nombres es sumamente profundo. Se trata de una actitud infantil e inmadura como la de un niño que se apega a las cosas. Por un nombre sacamos la espada y estamos dispuestos a matar a gente, arrasar países e incendiar y destruirlo todo.

En este mundo nadie ha cometido tantas brutalidades y estupideces como lo hemos hecho nosotros en nombre de la religión, y todo esto ha ocurrido a causa de los nombres; incluso así no abrimos los ojos y seguimos en conflicto por los nombres aferrándonos a ellos. Hemos llevado a cabo una destrucción inexplicable debido a las denominaciones.

Me gustaría dejar bien claro que un nombre es algo ilusorio carente de significado. Fíjate en la verdad y no en el nombre, si no, te quedarás atascado en la etiqueta y no serás capaz de ver la verdad. Desecha el nombre y quédate con el significado. Esta es la razón por la que estoy empleando todos los nombres de forma simultánea. Empleo expresiones como «una visión de Dios», autorrealización o «alcanzar la verdad», para que la gente que usa diferentes nombres pueda entender que estoy refiriéndome al mismo concepto. Si digo «una visión de Dios» habrá quienes crean que pertenezco a la religión hindú; si digo «autorrealización» habrá quienes tengan dudas acerca de mi religión al no mencionar a Dios.

Utilizo estas expresiones indistintamente para evitar confusiones. «Aquello que es» no tiene nombre, solo tienes que pensar en ello, solo tienes que experimentarlo, penetrar en ello, darte cuenta de ello. Desecha todos los nombres y toma conciencia de lo innombrable. Sé consciente de aquello sin nombre, permanece despierto a aquello sin forma. Lleva la atención a aquello que no está restringido por ningún lugar ni limitación, a lo que es ilimitado y no se halla en ningún nombre ni forma. Solo eso es; que lo llames Dios, el alma o la verdad en realidad no importa.

Osho, ¿por qué la mente peca y quién es el padre del pecado?

Va a resultarme un poco complicado explicártelo. De hecho, solo tú eres el padre del pecado. ¿Quién podría ser si no? Aunque prefieras afirmar que se trata de otro y deseas que te diga que se trata de otro, en realidad, el padre del pecado eres tú mismo y cuando digo esto quiero decir que solo tú lo eres. No estoy refiriéndome a tu vecino, estoy hablándote a ti directamente, no a la persona que está sentada a tu lado. ¿Por qué pecamos? La verdad es que nadie peca, sino que el pecado sucede. No es posible ni pecar ni practicar la virtud, sino que la virtud y el pecado suceden.

Has de entender esto. Generalmente decimos que alguien es un pecador y que otro es un bienhechor, lo cual implica que damos por sentado que todo está en nuestras manos: si alguien lo desea, puede hacer buenas acciones o pecar. Cuando actúas mal, ¿te paras a pensar que está en tus manos evitarlo si lo deseas? Y si está en tus manos, ¿por qué no lo evitas? ¿En las ocasiones en las que te has enfadado, sabías en esos momentos que estaba en tus manos no dejarte arrastrar por la ira? Cuando un hombre mata a otro, ¿crees que estaba en sus manos no hacerlo?, ¿crees que aunque estaba en sus manos detenerse siguió y perpetró el crimen?

No lo creo. Si un hombre no es consciente, pecará tarde o temprano. El pecado es el resultado natural de la inconsciencia, por esta razón, yo no censuro a los pecadores.

Cuando una persona afirma que alguien ha pecado, lo que en realidad sucede es que está disfrutando de reprobar a esa persona. Todos los monjes y gente honorable del planeta obtienen placer en censurar a otros por pecadores. Cuanto más vehemente es su desaprobación, más demuestran su propia virtud; por ello, la censura resulta tan atrayente: repruebas a alguien al afirmar que es un pecador. Quienes se ahogan en sus propios pecados proclaman que tal y tal cosa es un pecado, que cierta gente peca y que todos debemos protegernos del pecado, con la intención de ocultar sus propios pecados.

Cuando alguien manifiesta que la gente no debería pecar, se da por sentado que al menos él no será un pecador. Si alguien que ha robado alerta que se ha perpetrado un robo, gritando: «¡Al ladrón!», con toda seguridad no será atrapado. Al alertar sobre el ladrón, se da por sentado que él no es el ladrón. Está gritando que se ha cometido un robo y que debe detenerse al responsable, de modo que ¿quién lo atrapará? La gente lo dejará en paz. Los astutos proclaman que fulanito y menganito son pecadores, pero en realidad los que pecan son ellos mismos y sus acciones constituyen pecados. Mi visión es que nadie peca, sino que el pecado sucede. Cuando digo que sucede, lo que quiero decir es que se produce en un estado mental de inconsciencia en el que no somos conscientes de lo que hacemos. Algunas acciones simplemente suceden en nosotros. Trata de recordar: ¿en las ocasiones en las que te has enfadado has sido responsable de tu ira?, ¿valoraste si hacerlo o no?, ¿decidiste irritarte?, ¿te lo propusiste en ese momento? No hiciste nada. De repente te habías enfadado.

Una vez un místico atravesó el mercado de un pueblo en el que tenía unos cuantos enemigos. Al verlo lo atraparon y comenzaron a atacarlo; estaban furiosos con él y le lanzaron terribles insultos. Cuando acabaron, el místico les dijo:

—Amigos míos, volveré mañana para daros una respuesta.

Sus enemigos se sorprendieron mucho al oír esto. Lo habían maltratado, insultado y criticado y ese hombre estaba diciéndoles: «Amigos míos, volveré mañana para daros una respuesta».

—¿Te has vuelto loco? —le preguntaron—, te hemos maltratado y ofendido, ¿es posible responder a abusos e insultos al día siguiente? Sea como quiera que desees respondernos, hazlo ahora.

—Nunca hago nada de forma inconsciente. Siempre empleo mi inteligencia; reflexiono sobre las cosas. Pensaré en ello y si considero que es necesario enfadarme, expresaré mi rabia, pero si no lo considero necesario, no lo haré. Es posible que tengáis razón y que lo que decís de mí sea verdad; en ese caso no volveré, sino que diré «es verdad, lo que dicen es cierto», y lo tomaré como una descripción de mi carácter y no como una crítica, porque habréis dicho la verdad. Pero si considero necesario enfurecerme, lo haré —replicó el místico.

—Eres muy extraño. ¿Acaso alguien ha conseguido enfadarse después de meditar sobre ello? La ira solo se manifiesta sin reflexión previa, en ausencia de una atención plena. No se experimenta rabia después de pensar en ella —le señalaron.

Del mismo modo, no es posible caer en pecado después de reflexionar sobre ello. No se puede pecar de forma consciente; por esta razón, nunca hablo de cometer pecado, sino de que el pecado sucede. Dirás: «Esto significa que no hay nada en nuestras manos. Si el pecado sucede, ¿qué deberíamos hacer? Si la ira sucede, ¿qué podemos hacer?». Bien, ¿qué podría contestarte? Un asesino dirá: «¿Qué puedo hacer? Matar simplemente sucede». Es cierto, no hay duda de este hecho. No tienes que hacer nada en ese nivel; cuando el pecado sucede, es una señal de que el alma está dormida; en el ámbito de la acción no puede tener lugar un cambio: ni tienes que hacer nada ni puedes hacerlo. Únicamente se trata de una indicación de un alma profundamente dormida; el pecado externo indica que el alma está dormida internamente. De lo que se trata es de despertar el alma, no de modificar la acción. De lo que estoy hablando aquí es de cómo puede despertarse el alma. Cuando está despierta, el pecado desaparece y lo remplaza la virtud.

La virtud también sucede, tampoco puede forzarse. Suele decirse que cuando la gente apedreó a Mahavira, él los perdonó. Pero ¿puede perdonar Mahavira? Incluso si el perdón sucede, no es algo que se haga. Mahavira se halla en un estado consciente; alguien le tira una piedra, alguien le insulta y en su interior solo tiene lugar el perdón. ¿Dónde se encuentra la acción aquí? En ti sucede la ira; en Mahavira sucede el perdón. El perdón fluye de su interior, pero él no hace nada.

Si tiras una piedra a un árbol florecido, se caen las flores; si tiras una piedra a un espino, se caen las espinas. Lo que hay allí se desprende. Mahavira tiene amor en su interior y nada más. Si le insultas, ¿qué hará? Compartirá su amor. Solo puede dar lo que tiene; solamente fluye aquello que puede salir.

En la vida las cosas emanan, suceden, no se hacen. Las personas que afirman que Mahavira las perdonó, están diciendo algo completamente falso. Quienes afirman que Mahavira practicaba la no violencia están diciendo algo completamente falso. Quienes afirman que Buda era compasivo están diciendo una falsedad. Ellos no hicieron nada: esas cosas sucedieron. Ambos se hallaban en un estado de conciencia en el que solo puede fluir la compasión.

La multitud crucificó a Cristo. Cuando estaba en la cruz, le preguntaron si albergaba un último deseo. Él dijo: «Padre, perdónalos porque no saben lo que hacen». Afirmarías que Cristo era un hombre sumamente indulgente, pero no, en realidad, eso era lo único que podía hacer. En el estado consciente en el que se hallaba, solo eso podía salir de él y nada más podía haber ocurrido.

¿Entiendes lo que digo? No es la acción lo que cuenta, sino tu ser, tu estado interior. Si empiezas a aferrarte a tus acciones, no dejas de dar vueltas. Piensas: «Debería cambiar mis actos. Lo que hago es pecado, debería modificarlo, debería hacer lo correcto».

Pero tú no puedes hacer nada. Alguien con una conciencia dormida no puede llevar a cabo una acción virtuosa. Como dije esta tarde, podrías pensar que un hombre con una conciencia profundamente dormida ha realizado una noble acción por haber construido un templo, pero eso es completamente falso. Dado que su conciencia está dormida, él no ha construido un templo verdadero, sino un monumento a su padre o a su propio nombre. No ha construido un templo. ¿Qué va a hacer con un templo? Al estar dormido, lo que edifique no tiene importancia; la consecuencia natural de ese estado es el pecado.

Mi visión es que todo lo que hace alguien de forma inconsciente constituye un pecado; de hecho, esa es mi definición de pecado: todo aquello que alguien lleva a cabo de forma inconsciente. Por el contrario, todo lo que sucede a través de una persona consciente es virtuoso. Incluso cuando un individuo inconsciente trata de imitar la virtud se trata de una actitud pecaminosa. Del mismo modo, cuando un acto que realiza alguien despierto te parece pecado, no debes juzgarlo atropelladamente; incluso eso será algo virtuoso. El pecado no puede fluir a través de esa persona. Sencillamente, no puede pecar.

Tal vez consigas entender mi visión: el meollo de la cuestión no reside en el ámbito del pecado y la virtud, sino en el nivel de conciencia, en la diferencia entre una conciencia dormida y una conciencia despierta, un alma dormida y un alma despierta, un alma inconsciente y un alma consciente. En ambas situaciones eres responsable de tu estado de conciencia no de las acciones. Procura entender la diferencia. Has de acceder a un nivel más profundo porque en la superficie nada cambia. No se producen modificaciones en el ámbito del hacer, sino que el cambio tiene lugar en el nivel del ser, en el ámbito del alma.

Por eso me sorprende que alguien establezca la distinción entre una acción pecaminosa y otra virtuosa. Los actos no son ni buenos ni malos. Una misma acción puede ser buena o mala según el diferente nivel de conciencia de quien la lleva a cabo: la conciencia dormida puede obrar igual que la conciencia despierta y aunque el acto sea el mismo, en un caso será fruto del pecado y en otro, de la virtud.

Las acciones nunca son pecaminosas ni virtuosas, lo que determina que sean de una manera u otra es el estado mental. Es ahí donde debemos enfocarnos, es ahí donde ha de tener lugar una revolución y una transformación.

En nuestro nivel de conciencia pensamos que una acción concreta es un pecado y otra es una acción justa. Un pecador piensa: «Debo llevar a cabo una acción meritoria, un acto caritativo para convertirme en una persona virtuosa». Aunque pecara día y noche, un día erige un templo y piensa: «He realizado una buena acción». Aunque pecara a todas horas, después de bañarse en el Ganges piensa: «He llevado a cabo un acto sagrado».

En una ocasión, un hombre preguntó a Ramakrishna:

—¿Si me baño en el Ganges sagrado, se disiparán todos mis pecados?

Ramakrishna era un hombre muy simple y directo. Pensó: «¿Qué puedo contestar? Si digo que no, estaré criticando al Ganges sin motivo y ¿por qué habría de hacerlo? Si digo que sí, este hombre deshonesto va a pensarse que tomando un baño en el Ganges todos sus pecados se desvanecerán, como si realizara una acción virtuosa. ¿Qué hacer? Esta pregunta me ha puesto en un aprieto».

—Hermano, los pecados realmente se lavan en el Ganges, que es un río verdaderamente sagrado. Los pecados se van, pero luego saltan a los árboles de la orilla y permanecen allí. Cuando sales del Ganges, vuelven a ti de nuevo. Al fin y al cabo, tienes que salir en algún momento; ¿durante cuánto tiempo vas a quedarte en el agua? Mientras permanezcas en el río estarás a salvo, pero en el momento en que salgas, tus pecados volverán a ti. Piensa en lo que te sucederá entonces —respondió el sabio.

No llevas a cabo una acción virtuosa bañándote en el Ganges, erigiendo un templo, donando dinero a una organización caritativa, haciendo trabajo social, construyendo un hospital, creando una escuela o haciendo esto o lo otro. Todo eso no tiene ningún mérito porque tu estado mental es el de un pecador y todas las acciones derivadas de ese estado son pecaminosas. Fingir otra cosa no supone ninguna diferencia.

También puede suceder que una persona cuyo estado mental se haya transformado haga algo aparentemente negativo.

Cuando Gandhi dio veneno a un ternero, toda la India —que tiene una sensibilidad especial hacia la no violencia— se quedó impactada y se afirmaba que había obrado mal. Desde luego, no cabe duda de que envenenar a un ternero constituye una mala acción, pero ¿por qué Gandhi lo mató? Al fin y al cabo, él tenía tanta inteligencia como cualquier otra persona y podía saber que se trataba de una acción execrable; si él era al menos tan inteligente como tú y la gente que lo consideraba un pecador, ¿qué había ocurrido?

Aunque así pareciera, su acción no fue un pecado, sino un acto de amor. Pese a que le advirtieron de que si envenenaba al ternero, pondría a todo el país en su contra y podría ir al infierno por haber cometido un pecado, Gandhi dijo que no le importaba condenarse en el infierno; ante el intenso dolor del ternero que se hallaba en una situación terminal, tomó la decisión de quitarle la vida en un acto de amor.

«Siente un dolor inmenso y no puedo soportar verlo sufrir de esa manera, de modo que voy a responsabilizarme de acabar con su vida. Aunque se trate de un pecado, estoy dispuesto a ir al infierno; al menos el ternero se librará de su agonía».

Tu no violencia no será capaz de comprender el grado de amor de Gandhi. Tu no violencia dirá: «¿De qué estás hablando?».

Krishna dijo a Arjuna que debía matar sin temor.

«Nadie muere ni nadie mata. Nadie muere. Incluso cuando atraviesas a alguien con la espada, ninguna espada puede atravesarlo».

La afirmación de Krishna es completamente cierta. Sin embargo, si piensas en ella te preguntarás de qué está hablando. ¿Si matas a alguien no morirá? ¿Si matas no estás cometiendo un pecado? Lo que Krishna está diciendo es que nadie puede morir. La idea de que estás matando a alguien es una locura, una necedad producto de la ignorancia. Esto no quiere decir que tengas que matar a alguien. Desde el nivel de conciencia de Krishna todo es diferente, incluso si matara a alguien, eso no sería un pecado.

Por el contrario, si curas a diez personas y una vez han recobrado el vigor, acudes de inmediato a la sede de un periódico para que difundan a los cuatro vientos: «He curado a diez personas», eso sí sería un pecado. Lo importante no es lo que hayas hecho, sino lo que eres.

Insisto: lo importante no es lo que hayas hecho, sino lo que eres. Reflexiona sobre esto: ¿Qué eres tú? Si tu conciencia está dormida, todas tus acciones serán pecaminosas, pero si está despierta ninguna acción constituye un pecado; o expresado de otro modo: una acción virtuosa es la que procede de alguien despierto y una acción pecaminosa es la que procede de alguien dormido.

Queda pendiente alguna pregunta:

Osho, tengo un conflicto interno. Quiero eliminarlo pero no tengo paciencia para ello, ¿qué puedo hacer?

Supón que alguien se cae a una hoguera y le instamos a salir para no quemarse. Si dice: «Sé que estoy en medio del fuego, pero a mi mente no le apetece salir», ¿qué le contestaríamos?

¿Si este edificio estuviera ardiendo también me dirías: «Sé que el edificio está en llamas, pero a mi mente no le apetece escapar?» No. No dejarías de correr para preguntarme nada. Nadie se detendría a preguntar nada; nadie permanecería dentro, todos saldríamos de inmediato.

Dices que sientes un conflicto, pero yo te digo que no lo sientes todavía; de lo contrario, no habría en tu mente ningún espacio para formular la pregunta y te liberarías de él. Tú no sientes un conflicto. Sí, cuando alguien te cuenta que tiene un conflicto interno, comienzas a pensar que a ti debe pasarte lo mismo. La gente te habla sobre ello, los libros y los filósofos te lo confirman, de modo que sientes que vives un conflicto. Pero ¿lo sientes de veras? Si lo sientes, ¿quién lo causa? Si lo sientes, ¿quién está creándolo cada día? Si lo sientes, ¿quién te impide salir de él?

Dices que no tienes paciencia para eliminarlo pero quisieras hacerlo. Lo esencial es que no sabes realmente cuál es tu conflicto. ¿Has observado alguna vez tu espacio interno o solamente lo conoces a través de los libros? ¿Te has adentrado en tu interior para ver lo que hay ahí? ¿O simplemente te has formado una imagen de ti mismo y crees que en eso consiste el conocimiento de ti mismo?

En el interior de cada persona conviven al menos tres personalidades. La primera consiste en lo que realmente es, de la cual no conoce nada; la segunda consiste en lo que cree ser, y la tercera consiste en la imagen que proyecta hacia el exterior. De este modo, cada individuo está dividido en tres niveles. El primero es el real, del que no es consciente; el segundo es el nivel con el que se identifica, lo que cree ser, y el tercero es lo que desea hacer creer a los demás de sí mismo.

Tu ser real es lo que eres. Crees que eres sumamente humilde y estás lleno de ego; crees que eres fervoroso y estás lleno de irreligiosidad; crees que dedicas mucho tiempo al trabajo social y en tu interior deseas que todos te sirvan a ti. ¿Eres realmente la persona que crees ser? Si te quedas estancado en lo que crees que eres, nunca conocerás tu verdadero ser interior.

Antes de que alguien pueda conocerse a sí mismo, ha de desnudarse, debe despojarse de sus ropajes. No solo llevamos ropa externamente, también lo hacemos mentalmente, en nuestro interior. No solo tememos desnudarnos físicamente, sino que nos aterra desnudaros en nuestro interior. No queremos ver lo que somos porque tendríamos miedo de nosotros mismos, de modo que nos ponemos múltiples caretas y nos adornamos de diversas maneras: nos las arreglamos para evitar ver nuestro ser interior real.

Antes de que alguien pueda conocer su ser interior, ha de despojarse de sus ropajes. Debes quitarte las máscaras y rostros que te has puesto; de este modo puedes verte y reconocerte a ti mismo y no te lleva tiempo eliminar el conflicto interior, la inquietud, la ansiedad y la falta de armonía que sientes internamente. Liberarte del conflicto deja de ser un problema; te resulta sumamente fácil hacerlo porque tú lo has creado: tú y nadie más te ha colocado en esa situación. Verás con claridad sus causas y dejarás de alimentarlas.

Imaginemos que en mi casa ha salido un espino y sus espinas están extendiéndose por toda la vivienda y aun así lo riego y abono, y hasta coloco una valla para protegerlo de los animales… Mientras tanto, siguen creciéndole espinas que van ocupándolo todo, lo cual me genera una gran inquietud… Si le cuento a alguien que me encuentro en una situación complicada porque ha crecido un espino en mi casa que está expandiéndose por todos lados, y esa persona me visita y me ve regar la planta, abonarla y resguardarla con una valla, ¿qué crees que me diría? Me preguntaría: «¿Pero qué te pasa? ¿Qué haces? ¿Estás loco? Estás alimentando cada día esas mismas espinas de las que te quejas».

No somos conscientes; rechazamos las espinas sin saber que estamos regándolas. No lo sabemos porque nunca las hemos agarrado y rastreado hasta su origen; si lo hubiéramos hecho, habríamos visto las raíces y habríamos dejado de regarlas. Romperíamos la valla, dejaríamos de regar y abonar el arbusto y acabaría secándose y muriendo. No habría ya raíces ni espinas. Pero nos pinchan sus espinas y no sabemos nada de sus raíces.

Adéntrate en tu mente. Dondequiera que veas un conflicto, penetra en su interior para conocer su causa.

El día de mi llegada me visitó un joven que me comentó que sentía mucha tensión mental y me pidió una fórmula para aquietar la mente.

Le pregunté:

—¿Por qué quieres calmarla?

—Voy a hacer un examen para los Servicios Administrativos Indios y quiero quedar el primero. Me gustaría serenarme para poder obtener el primer puesto —contestó.

—Mira, te resultará difícil si riegas las raíces pero rechazas las espinas. Donde hay un sentimiento de competitividad se produce tensión. Cuando deseas estar por delante de los demás, tú mismo estás generando la tensión. Dices que no quieres estar tenso, pero deseas ocupar el primer lugar. Eso es sumamente difícil, se trata de una contradicción. Solo alguien que está dispuesto a ser el último y no le preocupa quedar el primero puede sentirse en paz, de lo contrario ha escogido la tensión. ¿Por qué estás preocupado? Cuando quieres ser el primero el resultado será la tensión necesariamente. Acepta que vas a sentirte tenso y sigue adelante con la competición; pero si deseas estar en paz para poder competir bien se produce un problema —le expliqué.

Cristo dijo: «Bienaventurados quienes tienen el valor de ser los últimos» —el valor de ser los últimos— «porque a los ojos de Dios serán los primeros». Lo que ocurre es que muy pocos tienen la valentía de ser los últimos. No son muchos los que muestran tanto coraje. Tener el valor de ser el primero no tiene nada de particular, es algo normal; todo el mundo quiere alcanzar el primer puesto.

Alcanzar la presidencia de un país no requiere demasiada osadía, es un hecho bastante normal, al fin y al cabo, algunos hombres corrientes han llegado a ser presidentes; no tiene ningún mérito. El mérito radica en tener el coraje de ser el último, ya que solamente una persona excepcional es capaz de ello. Cristo dijo: «Bienaventurados quienes tienen el valor de ser los últimos porque a los ojos de Dios serán los primeros».

Por eso, le señalé a ese joven lo siguiente:

—Por un lado, estás participando en una competición a la que estás alimentando, por otro lado, dices que quieres sentirte en paz. No sabes que la raíz de tu malestar reside en el propio hecho de competir.

He mencionado esta conversación como un ejemplo. Adéntrate en tu mente, mira en su interior, compréndela. Siempre que atravieses una dificultad, descubrirás que tú eres quien la alimenta regándola y cuando te das cuenta de esto, tomas las riendas de la situación. Si deseas tener espinas, riega la planta; pero si no lo deseas, deja de darles agua. No tienes que aceptar la decisión de otra persona, debes decidirlo tú. Si conoces tu mundo interior adecuadamente, no tendrás necesidad de pedir ayuda.

Al no conocernos internamente, preguntamos a otros acerca de nuestro problema. La causa de todo conflicto y tensión radica en que deseamos deshacernos de las espinas manteniendo las raíces. No existe ningún problema real. Solamente existe una dificultad: nadie conoce su ser interior por completo. Funciona en dos direcciones: por un lado, deseas eliminar las espinas y, por otro lado, riegas la planta. Deseas cultivar buenas cualidades, sin tratar de encontrar dónde reside la raíz de dichas cualidades; quieres que se adhieran a ti desde fuera. Deseas eliminar los malos hábitos, sin ver sus raíces a las que continúas regando.

Deberías saber que todo lo que recortas desde fuera —los jardineros lo saben— se fortalece. Aquello que arreglas externamente se vuelve más denso y sus raíces se hacen más fuertes. Tú cortas tus dificultades desde el exterior y riegas las raíces, lo cual genera malestar, problemas y conflictos en tu vida.

Trata de entender esto. Nadie puede ayudarte; nadie puede proporcionarte un mantra o un amuleto de la buena suerte que puedas atarte alrededor de la muñeca para estar en paz; tampoco te ayuda a sentir paz comenzar a cantar «Rama, Rama» ni acudir al templo, encender lámparas de aceite ni celebrar rituales de veneración a tu deidad; no te conduce a un estado de paz viajar a otro lugar ni donar una vaca a una organización caritativa. No caigas en ese tipo de locura, nadie puede alcanzar la paz de ese modo. Para lograrlo has de disolver tus contradicciones internas. Eso es una disciplina espiritual real. Los cambios superficiales como renunciar a vestirse, teñir la ropa de diversos colores, etc., no deberían considerarse prácticas espirituales. Ni te proporcionan paz ni te ayudan a purificar la conciencia.

Para solventar los problemas de la vida no pienses en huir de ellos. Trata de comprenderlos, examínalos, entra en ellos, conócelos y penetra hasta el extremo de sus raíces. Eso es ciencia; así es como se transforma y eleva la vida. Al penetrar en un problema y detectar sus raíces, comienza la transformación. De este modo, la decisión estará clara: si deseas mantener las espinas, dales agua; si no deseas mantenerlas, deja de regarlas. Es así de sencillo.

Tendrá que haber algún tipo de esfuerzo. Tendrás que esforzarte en volverte hacia dentro. Tendrás que mostrar algo de coraje para hacerlo. A la gente le asusta más entrar en sí misma que viajar por caminos desconocidos y existe una razón para ese temor. Te has colocado una máscara falsa y al penetrar en tu interior toda tu estructura se desmoronará y la persona que veas te parecerá aterradora.

Si alguien está sentado en el papel de santo y miles de personas lo consideran un hombre santo, ¿cómo puede viajar a su interior? Si lo hace, se encontrará con el diablo, de modo que comienza a preocuparse: ¿cómo ir hacia dentro? Si lo hace, se encontrará a un pecador ahí sentado, pero por fuera él es un hombre santo; de modo que decide que lo mejor es olvidarse de su interior, mantenerse en lo externo de alguna forma y dejar pasar el tiempo. Encuentra la manera de quedarse en la superficie.

Esta es la razón por la que todos hallamos el modo de permanecer en lo externo. Nos inquieta adentrarnos en nosotros mismos porque tememos ir hacia dentro, pero si realmente queremos acabar con el conflicto interno, hemos de penetrar en él.

Confío en que al menos parte de mi mensaje os haya quedado claro. Si alguien tiene alguna otra pregunta sobre este tema, la contestaré por la mañana.

He recibido numerosas preguntas y algunas de ellas han quedado sin contestar. Algunas no deben ser respondidas porque ¿quién soy yo para contestar a todos vuestros interrogantes? No hay nadie que pueda dar respuesta a todas las preguntas. Incluso cuando doy una respuesta, no deberías pensar que tus dudas serán resueltas. Solamente estoy compartiendo mi punto de vista y tal vez seas capaz de captarlo.

Una pregunta en particular y su respuesta no constituye algo tan valioso. Una pregunta es una pregunta y una respuesta es una respuesta. Si bien no son especialmente valiosas en sí mismas, sí lo es la visión profunda a través de la cual fluye la contestación. No te aferres a la respuesta, más bien, trata de comprender la visión, el ángulo y la posición desde la que contemplo la vida. Si puedes tener un vislumbre de esa visión, habrás hallado la respuesta, no solo a las preguntas formuladas, sino también a los interrogantes que no he contestado.

Si no consigues captar mi perspectiva, lo mejor sería que dieras tu propia respuesta en mi nombre. Esto no es un examen del colegio donde se reparten las preguntas a los niños y estos preparan y escriben las respuestas. De hecho, esto último no es ni siquiera una educación real, es algo falso, pero dejemos de lado esta cuestión por ahora.

En la vida no puedes aprender respuestas, sino puntos de vista. No es mi intención darte una fórmula preparada que puedas memorizar. En tal caso estaría contradiciéndome, porque esto es justamente a lo que me opongo. Ya conoces demasiadas fórmulas. Deshazte de ellas. Trata de comprender un enfoque diferente de ver la vida. Si puedes captarlo, no te contestará mi respuesta sino tu propia percepción. La respuesta que procede de tu propia percepción interna es la única real. Todas las demás no tienen sentido.

Confío en que hayáis comprendido mis palabras. Me escucháis con tanto amor… Algunos de los puntos que he tocado podrían ser difíciles de digerir; en realidad, no unos cuantos, sino la mayor parte. Incluso así me habéis escuchado amorosamente: eso pone de manifiesto vuestra compasión hacia mí. El hecho de haber escuchado con tanto amor incluso las partes más duras de la charla revela vuestra amabilidad. En la antigüedad, me habrían apedreado o me habrían hecho algo peor. El mundo ha mejorado un poco y el ser humano también ha mejorado un poco: sabe escuchar con amor, lo cual es señal de una gran bondad.

La existencia es sumamente compasiva al estar construyendo un mundo diferente ahora; de otro modo, incluso expresar esta visión hubiera sido complicado: me hubierais agarrado por el cuello. Siento un gran agradecimiento por vuestra benevolencia. Habéis escuchado incluso los mensajes más crudos en profundo silencio. Por la gracia de la existencia, por favor, reflexionad sobre ellos aunque sea un poco. No os los creáis, pensad en ellos y tratad de comprenderlos. El día en que sintáis en vuestro interior que ese enfoque es correcto, una puerta se abrirá en vosotros. Esa puerta será vuestra, no mía. En ese momento veréis algo que os pertenece a vosotros, no a mí.

Estoy diciendo todo esto con la esperanza de que quizá alguien en alguna parte pueda estar preparado y algo se abra en su interior; puede que algún nudo se afloje un poco e incluso eso tendrá un gran significado.

Por favor, aceptad mi agradecimiento y mis saludos a la divinidad que mora en vuestro interior.

CAPÍTULO 4

El vacío mental

HOY HABLAREMOS SOBRE el vacío mental. Lo que conocemos por vida no es la vida. Lo que creemos que es la vida —vivir y luego morir— no es la vida. Solo unos pocos afortunados son capaces de experimentar la vida. Para quienes lo hacen, la muerte no existe. Mientras hay muerte y miedo a morir, mientras sientes que tu vida va a terminar, que serás aniquilado, has de saber que no estás en contacto con la vida y que no la has experimentado.

Me gustaría iniciar la charla de hoy con un breve relato. Aunque he contado esta historia a mucha gente en diferentes partes del país, quisiera recordarla de nuevo porque siento que contiene algo que todo el mundo debería saber.

Jesucristo se encontraba de viaje compartiendo con otras personas aquello que había logrado. La propia naturaleza de la dicha hace que cuando la alcanzas la compartas con los demás de forma incondicional. El sufrimiento te encoge y la dicha te expande. El dolor hace que te encierres en ti mismo, pero la felicidad te impulsa a llegar a todos, busca la expansión. De este modo hemos denominado a la dicha *brahman*. El sufrimiento constituye el extremo del ego y la felicidad es el extremo del estado de ausencia de ego, de ser *brahman*, aquello que se expande constantemente.

Es posible que te hayas fijado en que cuando Buda, Mahavira y Cristo experimentaron sufrimiento se retiraron al bosque
y después de alcanzar un estado de plenitud regresaron a la
plaza del mercado. La felicidad desea ser compartida y el sufrimiento te induce a la retirada. El dolor te lleva al recogimiento
y la dicha busca la expansión.

Cuando Cristo alcanzó la felicidad se embarcó en un viaje
para compartirla con los demás. Era por la mañana temprano y
estaba de camino hacia un pueblo. Vio en la orilla a un pescador que había extendido sus redes en el agua y aguardaba la
llegada de los peces. Ese hombre no sabía quién estaba acercándose. Cristo llegó hasta él y poniéndole la mano en el hombro le preguntó:

—Amigo, mírame. ¿Durante cuánto tiempo vas a seguir
atrapando peces?

Al igual que Cristo, me gustaría apoyar la mano en el hombro de todo el mundo y formular la misma pregunta: «¿Durante
cuánto tiempo vas a seguir atrapando peces?». ¿Qué importa
si es pan en lugar de peces lo que atrapas? Es lo mismo. La
mayor parte de la gente se pasa la vida atrapando peces.

El hombre se dio la vuelta; había estado observando el lago
por detrás y ahora miraba a los ojos al hombre que tenía enfrente, cuya mirada era más profunda que el lago. Pensó: «Debería
arrojar la red al lago y extender otra red en esa mirada». Así
pues, se desprendió de la red de inmediato y siguió a Cristo.

—Te seguiré. Si hay algo que conseguir que no sean peces, estoy listo para alcanzarlo. Me deshago de esta red aquí y
ahora y renuncio a estos peces —anunció.

Quien persiga la religiosidad debe mostrar un valor semejante. Cuando llega el momento, debe desprenderse de la red
y los peces.

El hombre siguió a Cristo, pero apenas habían llegado a las
afueras del pueblo, cuando un hombre se acercó corriendo al
pescador y le preguntó:

—¿A dónde te diriges? Tu padre enfermo falleció anoche. Acaba de morir. Debes regresar a casa, te hemos buscado por todas partes —le dijo.

—Perdóname, tengo que volver y asistir al funeral de mi padre. Regresaré en pocos días —explicó el joven pescador a Cristo.

Cristo tomó su mano y le dijo:

—Sígueme. Deja que los muertos entierren a los muertos. Los muertos del pueblo enterrarán a los muertos. Ven y sígueme. Los muertos, que son una mayoría en el pueblo, enterrarán a sus muertos. ¿Qué necesidad tienes de regresar?

Cristo le dijo algo muy extraño y significativo. Desde luego, quienes no están en contacto con la vida están muertos. No conocemos nada de la vida. Lo que llamamos vida es solamente una muerte gradual; en realidad, no es la vida. El día en que nacemos y el día en que morimos y lo que se extiende entre ambos no es la vida: solo puede tratarse de una muerte gradual. Estamos muriendo cada día. Lo que llamamos vida es un morir diario, una muerte paulatina.

La muerte no es un suceso repentino, comienza el día en que nacemos. El día de nuestro nacimiento es también el día de nuestra muerte, comenzamos a morir a partir de ese momento. En el momento en que nacemos, comienza el morir. La muerte avanza más y más hasta que un día es completa; ese día decimos que ha llegado nuestra hora. Pero iba acercándose cada día, si no, ¿cómo podría haber llegado de repente? La muerte iba aproximándose hasta que un día se completa el proceso.

El nacimiento es el comienzo de la muerte y la muerte es la conclusión de la muerte. Ni el nacimiento es el comienzo de la vida ni la muerte es el final de la vida. La vida estaba ahí antes del nacimiento y seguirá ahí después de la muerte. Quien vive solamente entre el nacimiento y la muerte no está vivo realmente. Solamente está vivo quien se conecta con la vida que está antes de la vida y más allá de la muerte. La verdadera religiosidad se interesa por el descubrimiento de la verdad y te conecta con aquello que no nace ni muere.

Hemos hablado acerca de dos pasos que nos permiten avanzar hacia esa vida. El primero consiste en liberarse de las escrituras religiosas, de las corrientes teológicas y de los pensamientos. Una inteligencia que carga el peso de los libros sagrados no puede alcanzar su propia individualidad; una inteligencia que carga con los pensamientos ajenos no es capaz de despertar su propio poder de pensamiento; una inteligencia que piensa que lo que otros han comprendido —ya sea Mahavira, Krishna o Rama— es suyo, no ha reconocido ni actualizado su propia capacidad de comprensión.

Por esta razón, te he animado a liberarte de todo pensamiento, al margen de su procedencia. Ya vengan de grandes personajes, escrituras célebres o libros piadosos, esos pensamientos te son ajenos. Una persona que trate de vivir creyéndose que esos pensamientos le pertenecen estará privada de la capacidad de pensar, una capacidad que siempre ha estado presente en su interior y que desea manifestarse. Los pensamientos que proceden del exterior impiden su expresión.

Para que el pensamiento propio aflore, has de vaciarte de los pensamientos ajenos. Antes de manifestar la propia visión, es necesario liberarse de la de otros: si consideramos nuestra la visión de otros, cesará la búsqueda del conocimiento interno. Muchas personas se pierden por completo en las escrituras sagradas, las corrientes teológicas y las doctrinas, y su propia búsqueda se detiene y se queda en nada.

Recuerda siempre que, como he mencionado previamente, si quieres buscar la verdad tienes que hacerlo tú mismo. Nadie puede hacerlo por otro. La verdad no es transferible. La verdad no puede pasarse de una mano a otra. Si esto fuera posible, todo el mundo la poseería a estas alturas.

La verdad no puede darse: tiene que conquistarse. La verdad ha de alcanzarse por uno mismo. Solamente se obtiene por el propio esfuerzo. Quienes creen en el esfuerzo ajeno malgastan su vida: no son capaces de conseguir nada; por esta razón, te he animado a liberarte de los otros para que tu inteligencia y tu mente sean libres. ¿Cómo puede alguien con una mente prisionera conocer la verdad? Hablé detalladamente sobre esto durante la explicación del primer paso. El segundo paso consiste en la simplicidad de la mente. Por simplicidad no quiero decir que poniéndote menos prendas de ropa o comiendo menos te volverás simple. La simplicidad es algo sumamente profundo que no tiene mucho que ver con esas trivialidades. La gente sumamente complicada llena de complejos y con mentes intrincadas duras como piedras también podrían cambiar su forma de vestir y actuar de una forma sencilla. Podrían comer menos, llevar ropa liviana y renunciar a sus hogares. Incluso, una persona complicada puede imponerse ese tipo de simplicidad, pero esa simplicidad no tiene ningún valor.

Cuando hablo de simplicidad me refiero a que la mente ha de liberarse de todo conflicto, de toda fragmentación y que debería integrarse para ser un todo. No deberías albergar una multitud en tu interior: ha de nacer en ti un solo individuo. Has de ser un individuo, debe quedar una sola nota en tu interior. Cuando tenemos amor, no tiene cabida el odio. La mente de alguien que alberga amor y odio no puede ser simple. La mente de alguien que alberga paz y tensión no puede ser simple. Solo puede haber simplicidad si una de las dos permanece. Si solo queda la alteración, la mente será simple y si solo queda la paz, la mente también será simple.

¿Sabías que si alguien estuviera tan tenso que no le quedara ni un destello de paz, tendría lugar una revolución? Con ese gran malestar se produce también una revolución. Al alcanzar el punto culminante de tensión, en ese clímax, todo desaparece y la mente encuentra la paz de forma espontánea.

Sucede como al disparar una flecha: tiras de la cuerda. Aunque la flecha ha de lanzarse hacia delante, tú la llevas hacia atrás. En apariencia estás haciendo justo lo contrario. Alguien podría decirte que tienes que empujarla, pero en lugar de eso la mueves hacia atrás. Si tienes que mandarla hacia delante, hazlo, ¿por qué tirar de ella?, ¿por qué hacer lo contrario? Sin embargo, el arquero sigue tirando de la cuerda hasta el punto en el que no puede seguir tirando. Al llegar al límite, suelta la cuerda y la flecha que se había movido hacia atrás comienza a avanzar en la dirección opuesta. Del mismo modo, si la mente se tensa por completo, cuando alcanza el último punto de tensión se dispara la flecha y se dirige en dirección a la paz.

Bienaventurados quienes están completamente tensos, porque hallarán la paz. Pero vivimos con tibieza y la tensión no llega hasta sus últimas consecuencias. Estamos un tanto satisfechos y en paz. Esa clase de mente es mediocre, es difícil; esa clase de mente es compleja. Alberga ambas sensaciones: paz y tensión, amor y odio, y todo lo demás. Esta dualidad impide que avancemos hacia la verdad. Solo si la mente se vuelve totalmente silenciosa puede experimentarse la verdad.

La revolución tiene lugar en los extremos; ninguna revolución sucede en el término medio. La persona mediocre se mantiene alejada de la verdad. La revolución acontece cuando se llega a un extremo. Aunque el sufrimiento extremo saca a las personas del dolor, nunca sufrimos hasta ese punto, siempre encontramos el modo de justificar cada sufrimiento.

Un padre que acababa de perder a su hijo se me acercó diciendo:

—Estoy sufriendo mucho.

—Sufre más; sufre totalmente y tendrá lugar una transformación· —le aconsejé.

—No —replicó él y me preguntó a continuación:

—¿Puedes decirme si el alma de mi difunto hijo es inmortal?

—Estás inventándote trucos para sufrir menos. Si alguien puede hacerte creer la existencia de la reencarnación: «El chico no está muerto, no tienes nada de qué preocuparte, su alma es inmortal, ha vuelto a nacer en otra parte», tu mente estará en paz. Tu sufrimiento se interrumpirá en medio del proceso y no tendrá lugar ninguna transformación. Habrás encontrado una explicación convincente y una salida que te permita huir de tu sufrimiento —le contesté.

Mucha gente me pregunta si existe la reencarnación, no porque estén interesados en ampliar su conocimiento sobre el tema, sino porque ven morir a gente todos los días y tienen miedo de tener que morir también algún día. De modo que preguntan: «¿Existe la reencarnación?». Si les haces creer en ella, te tocarán los pies y te dirán que eres una gran alma, un gran santo: «Has dejado mi alma en paz».

Quien formula esa pregunta no tiene el alma en paz. Ha transigido. Pudiendo haber atravesado el sufrimiento al confrontar la muerte, ha preferido evitar el dolor. Si bien ese sufrimiento podría haber iniciado una revolución, la teoría de la reencarnación no producirá ninguna transformación.

En nuestra vida siempre nos detenemos en el medio. Nunca dejamos que nada llegue a un extremo. Pero yo te digo: «Si tienes que enfadarte, enfádate por completo. Observa y en un ataque de ira absoluta tendrá lugar una revolución; en ese punto de ira total, descubrirás que esta ha desaparecido».

Existen puntos extremos de evaporación. Es como cuando alguien calienta agua: a cien grados se convierte definitivamente en vapor. Si detienes la cocción a cincuenta grados, el agua ni seguirá fresca ni será capaz de transformarse en vapor. Se quedará tibia.

He hablado de cómo la simplicidad de la vida brota cuando toda la fuerza vital se centra en un punto y surge un estado de no dualidad. He hablado de cómo crear una vida integrada. En el segundo paso expliqué cómo puedes hacer que esto suceda.

Hoy me gustaría profundizar en el tercer paso para abordar la cuestión de si la mente que se ha liberado y se ha simplificado puede también vaciarse. Con la unión de la libertad, la simplicidad y el vacío se alcanza la no mente. ¿Cómo puede vaciarse la mente?, ¿cuál es el significado del vacío? El vacío significa…

Estamos llenos de nosotros mismos. Estamos llenos de nuestro «yo», de nuestro ego. Estamos obsesionados con él día y noche. Mira en tu interior, prueba a hacerlo alguna vez. El ego está presente en el modo en que te levantas por la mañana; hay ego en tu forma de vestirte y de caminar. Cuando construyes una casa, no solo lo haces para resguardarte, en esa acción también está presente el ego; la construyes con la intención de que la vivienda de tu vecino parezca inferior. No vistes solamente para cubrir el cuerpo, ahí también está presente el ego; te vistes con la intención de que la ropa de los demás parezca peor en comparación. Todo lo que haces las veinticuatro horas del día refleja tu ego.

No hay límite en esto. La gente acumula riqueza para alimentar su ego. Al fin y al cabo, ¿qué otro interés puede tener generar riqueza? Si, el dinero tiene su utilidad, eso es comprensible, pero se atesoran riquezas hasta el punto de que dejan de tener utilidad.

Justamente ayer hablaba de ello...

Un hombre muy rico había fallecido, se trataba del mayor millonario de Estados Unidos. Su fortuna ascendía a tres mil millones de dólares. ¿Cuál puede ser la utilidad de todo ese dinero?, ¿qué puede hacer alguien con esa suma? Desde luego, el dinero es necesario para vestirse, alimentarse... Puede usarse para vivir, pero ¿qué utilidad tienen tres mil millones de dólares? Y lo más sorprendente es que murió infeliz porque pensó: «¿Solo tengo tres mil millones?». Su objetivo era llegar a tener diez mil millones.

Su biógrafo estaba con él en su lecho de muerte y le dijo:

—Señor, supongo que se sentirá sumamente satisfecho de sus logros.

—¿Satisfecho? Mi objetivo era tener diez mil millones, pero solo he conseguido reunir tres mil millones. La vida ha llegado a su fin antes de cumplir mi meta —respondió el moribundo.

Puedes estar seguro de que aunque hubiera tenido diez mil millones, su siguiente objetivo habría sido conseguir cien mil millones y habría dicho: «¿Solo diez mil?». Un hombre que posee diez rupias, se queja de tener solo diez y un hombre que posee diez mil millones se queja exactamente de lo mismo y dice: «¿Solo diez mil millones?».

¿Qué utilidad tiene disponer de tanto dinero? Después de un cierto punto, la utilidad práctica del dinero se acaba y comienza la utilidad para el ego. El dinero deja de tener un uso práctico y se convierte en un medio para potenciar el ego: «Cuánto más tengo, más poderoso soy». Mi «yo» crece y se fortalece. ¿Qué otra cosa es la conquista de una posición elevada sino una búsqueda del ego? ¿Qué es el deseo de ser el primero en la vida sino una búsqueda del ego? Te sorprenderá saber que la búsqueda de riqueza es una búsqueda del ego e igualmente la búsqueda de la renunciación suele ser una mera búsqueda del ego. Cuando alguien que tiene mucho lo abandona todo, suele hablar de la cantidad de cosas a las que ha renunciado.

En una ocasión visité a un monje que solía repetirme una y otra vez lo siguiente:

—¿Sabes? He renunciado a millones de rupias.

Después de haberlo repetido en tres o cuatro ocasiones, le pregunté al monje:

—¿Puedo preguntarte hace cuánto tiempo renunciaste a tu riqueza?

—Hace alrededor de veinte años —contestó.

Me quedé un poco sorprendido.

—Han pasado veinte años y todavía no te has olvidado de ello. Parece que no renunciaste a ella de forma correcta. ¿Qué necesidad hay de recordarla ahora? ¿Por qué sigues recordando que renunciaste a millones de rupias? ¿No se trata de la misma arrogancia, el mismo ego, el mismo «yo» que poseía tanto dinero, ahora agrandado por haber renunciado a millones de rupias? Si es así, has malgastado veinte años. No te han servido de nada. Parece que no renunciaste a ello como es debido. En tu memoria se ha quedado grabado que renunciaste a millones de rupias. Ese dinero sigue teniendo valor para ti incluso ahora.

¿Qué valor puede tener el dinero que no te llevas contigo?, ¿cuál puede ser su utilidad? Si una persona lleva encima un millón de rupias podemos entender que esa suma tenga alguna utilidad para ella; pero cuando alguien que no posee dinero afirma haber renunciado a un millón de rupias, ¿qué sentido tiene recordar el dinero que no tiene? En realidad, esa conducta resulta de utilidad, tiene algún beneficio: alimenta el ego. «¿Yo? He renunciado a millones de rupias. Soy mejor que la gente que sigue aferrándose a sus millones».

Consideramos que un monje es mejor que un hombre corriente por haber renunciado, pero si el monje también empieza a creerse mejor que otros estará actuando como cualquier otra persona. El ego ha vuelto a ocupar el centro de su inteligencia y se convierte en el mismo que era antes de su ordenación.

De modo que el problema no solo radica en tener posición y riquezas, sino también en renunciar a ellas. No es solo cuestión de lo que posees, sino también de si estás alimentando el ego con ello. Tanto lo que posees como lo que no posees puede aumentar el ego; tanto lo que has conseguido como a lo que has renunciado pueden potenciarlo.

El vacío significa estar libre de ego. Esta es la razón por la que no considero que la renuncia a las riquezas mundanas sea una renuncia verdadera. Yo no llamo renuncia a que te desprendas de tu vivienda o tu posición, ya que la propia renuncia podría cumplir el mismo propósito que aquello a lo que has renunciado. Para mí, la única renuncia verdadera es la renuncia al ego. No considero renuncia el prescindir de cualquier otra cosa. Solo hay verdadera renuncia cuando hay ausencia de ego.

Has de comprender esto bien porque ¿qué vas a hacer? Durante largo tiempo se te ha enseñado que el ego es malo, algo pecaminoso que deberías eliminar. Incluso si entiendes que el ego es negativo, ¿qué vas a hacer? Estarás atrapado tratando de eliminarlo, pensando que deberías desprenderte de él. Pero eso es una auténtica locura. ¿Quién se deshará del ego? Será el propio ego, el propio «yo». Estarás atrapado en el mismo error de siempre y será como un perro que se muerde la cola: cuando salta, la cola también lo hace; al can le sorprende enormemente no poder cogerse la cola, ¿qué sucede? Cuanto menos lo consigue, más vueltas da y más difícil le resulta su objetivo. Al igual que un perro no puede agarrar su propia cola, el ego no puede destruir al ego.

Aunque son muchos los que anhelan la desaparición de su ego, cuanto más lo intentan, más sutil se vuelve debido al temor; comienza a retroceder. Desaparece del exterior y se instala en el interior. Un ego superficial es mucho mejor que un ego oculto, que se vuelve sumamente peligroso. El superficial puede verse, pero no así el interno, que va penetrando sigilosamente.

Una persona corriente no tiene la sutileza de ego que tiene la gente a la que llamamos santos y sabios. Esta es la razón por la que los monjes de todo el mundo no pueden relacionarse: los separa un muro. ¿Qué clase de muro? La gente tiene paredes en las casas, eso es comprensible, pero ¿qué clase de muros tienen los santos que ni siquiera poseen una casa? La gente tiene paredes en las casas, ¿cómo encontrarse con un vecino si hay una pared de separación? ¿Qué clase de paredes tienen los santos?

Los santos tienen paredes más sutiles: los muros de sus egos. Aunque puedes derribar paredes de arcilla y piedra en media hora, romper los muros del ego lleva muchas vidas. Te atrapan de una forma sumamente sutil.

El ego no puede destruirse directamente. La persona que trata de hacerlo se equivoca. El ego se volverá sutil, se deslizará hacia el inconsciente y se ocultará. Esa persona dejará de percibir su expresión externa y sus raíces penetrarán en el interior. El ego se apoderará de toda su alma, comenzará a apresarla.

Déjame contarte un breve relato para ilustrarte qué entiendo por una persona sin ego. Voy a explicarte cómo puede producirse la ausencia de ego y podrás comprender en qué consiste el vacío mental.

Sucedió una vez…

Un joven sannyasin se había ausentado de un pueblo durante un tiempo. Se trataba de un apuesto joven al que amaba y respetaba mucha gente. Estaba muy bien considerado y sus pensamientos ejercían una gran influencia en la localidad. Sus puntos de vista eran revolucionarios y su vida irradiaba una gran fortaleza. Pero un día todo cambió de repente. La misma gente que tanto lo respetaba prendió fuego a su cabaña; la misma gente que le había tocado los pies lo apedreaba y quienes antes lo honraban, ahora lo insultaban.

Sucede a menudo. Un buen día, la gente que te respeta, se venga insultándote. Deberías temer a la gente que te respeta porque se vengarán de ti algún día. Su ego está herido por haberte proferido ese respeto. Ese respeto implica que alguien es superior a ellos. Eso los ha herido en un nivel profundo y algún día se vengarán de ello. Cualquier pequeño pretexto les dará una razón para tomar venganza. Desconfía de las personas que te profesan respeto, porque tienen el potencial de ofenderte o desacreditarte en cualquier momento. El día menos pensado pueden vengarse por ese respeto que te han mostrado.

En una ocasión, un hombre se acercó a mi lado y me tocó los pies. Le dije:

—No me toques los pies. Es peligroso.

—¿Cuál es el problema? —me preguntó.

El peligro reside en que podría vengarse de mí algún día. Hoy me toca los pies y mañana, si tiene una mínima oportunidad, cogerá un palo para romperme la cabeza.

Volviendo al relato, los lugareños habían mostrado un gran respeto por el joven sannyasin, pero una mañana comenzaron a insultarlo. Sucedió que una chica del pueblo había dado a luz y había confesado que él era el padre, de modo que comenzaron a denostarlo. Se trataba de una reacción natural y comprensible. ¿Qué había de malo en ello? Los aldeanos estaban actuando correctamente. Tomaron al bebé y se lo llevaron al sannyasin. Este preguntó:

—¿Qué sucede?, ¿qué significa todo esto?

—¿Y tú nos lo preguntas? Mira el rostro de este bebé y después cuéntanos qué está sucediendo. Lo sabes muy bien. Si no lo sabes tú, ¿quién lo sabrá? El niño es tuyo —le increparon los habitantes de la aldea.

—¿Ah, sí?, ¿es mío? —replicó el sannyasin.

El bebé comenzó a llorar y el joven sannyasin trató de calmarlo. La gente del pueblo se marchó dejando allí al niño.

Era todavía por la mañana. El sannyasin tomó al niño en sus brazos y se fue al pueblo a mendigar su alimento como siempre, pero aquel día ¿quién iba a darle limosna? La misma gente que te ofrece millones cuando te respeta, te ofenderá negándote hasta un pedazo de pan. ¿Quién iba a darle pan? Allí donde iba le cerraban la puerta en las narices. Cualquier puerta a la que llamaba se cerraba de golpe y la gente le pedía que se marchara. Una multitud comenzó a seguirlo.

Tal vez, ningún sannyasin del planeta haya salido a mendigar con un bebé en los brazos. El bebé seguía llorando y él siguió mendigando. El niño lloraba y el sannyasin se reía de la gente que solía mostrarle tanto amor y respeto. Finalmente, acudió a la casa de la madre del niño. También allí llamó diciendo:

—Por favor, no te preocupes por mí, pero al menos piensa en este bebé que está llorando de hambre. Incluso si fuera culpable de lo que se me acusa, este niño es inocente. ¿Por qué lo castigas sin motivo? Por favor, dale un poco de leche.

—Cuando la chica vio el estado en que se encontraba su hijo le resultó sumamente difícil seguir soportando la situación. Así pues confesó a su padre:

—Por favor, perdóname, te mentí. No conozco a este sannyasin. Lo culpé a él para salvar a su verdadero padre. Pensé que le regañarías un poco y volverías con el niño. Nunca imaginé que las cosas llegarían tan lejos.

Los parientes de la chica sintieron un gran desasosiego al darse cuenta de que habían cometido un grave error. Corrieron a inclinarse a los pies del sannyasin y le cogieron el niño.

—¿Qué sucede?, ¿qué significa esto? —Preguntó el sannyasin.

—El bebé no es tuyo —Dijeron.

—¿Ah, no?, ¿así que no es mío? Esta misma mañana me habéis dicho lo contrario.

Ese hombre no tenía ego.

—¡Pero qué hombre tan loco! ¿Por qué no nos informaste esta mañana de que el bebé no era tuyo? —le reprocharon.

—¿Qué habría cambiado? El niño tiene que ser de alguien, también podría haber sido mío, alguien tiene que ser su padre —respondió—. Ahora que ya me habéis maltratado, os iréis y volveréis a hacérselo a otra persona. ¿Qué sentido tiene? Ahora que habéis quemado mi cabaña, os iréis a quemar la de otra persona. ¿Qué sentido tiene?, ¿qué diferencia supone? Todo ha sucedido para bien. Ahora conozco la profundidad de vuestro amor y respeto; también conozco el valor de vuestras palabras. Todo ha sucedido para bien. El niño me ha hecho un gran favor. Ahora veo ciertas cosas con claridad.

—¡Estás completamente loco! Si nos hubieras dado alguna señal de que el bebé no era tuyo, nada de esto hubiera sucedido —le explicaron.

—¿Qué hubiera cambiado? Únicamente el respeto que me mostrabais ha quedado hecho trizas. ¿Acaso soy monje con el propósito de merecer respeto?, ¿por la respetabilidad, para poder tener vuestro respeto? Cuando me hice, monje renuncié a la posibilidad de recibir honores o ser deshonrado por vosotros. Si tuviera que actuar de acuerdo con vuestra consideración y agravios, ¿qué clase de monje sería? —zanjó.

En realidad, solo alguien que carece del sentimiento del «yo» en su interior es sabio. El sentimiento del «yo» no desaparece directamente, sino que lo hace de forma indirecta. ¿Cómo sucede de un modo indirecto? La primera parte de la disciplina interna para disolver el sentimiento del «yo» consiste en preguntarse: «¿Quién soy?» a fin de indagar dónde poder encontrar ese «yo».

Si bien Raman Maharshi ha afirmado que deberías preguntarte: «¿Quién soy?», yo no te pido que te formules esta pregunta, sino «¿dónde estoy?». Explora en tu mente: «¿dónde estoy?», explora en tu cuerpo: «¿dónde estoy?» No encontrarás ese «yo» en ninguna parte. Si te sentaras en silencio y buscaras: «¿dónde estoy?», podrías seguir buscando y no encontrarías ningún punto donde poder afirmar: «Aquí es donde estoy». Cuando busques en tu interior, no encontrarás ningún «yo» por ningún lado.

Había un emperador chino cuyo nombre era Wu. Un monje llamado Bodhidharma visitó China y Wu acudió a la frontera a su llegada para darle la bienvenida. Wu le contó a Bodhidharma que había construido numerosos templos y comunidades budistas para los peregrinos, había erigido múltiples estatuas, había dado cobijo a incontables monjes y sannyasins, había abierto numerosas universidades, había donado grandes sumas a causas caritativas y había realizado un sinnúmero de buenas obras; así pues le preguntó:

—¿Cuál será el fruto de todo esto?

—Ninguno. Todo ha sido en vano desde el momento en que esperabas una recompensa. No se trata de caridad ni nada por el estilo, todo se ha convertido en pecado. Actuar desde el deseo de una recompensa es pecado. Al formular esta pregunta, lo has perdido todo. Si hubieras permanecido callado, si no hubieras preguntado nada ni hubieras necesitado hacer la pregunta, se habría producido un gran florecimiento —contestó Bodhidharma.

Wu pensó: «Este Bodhidharma parece alguien excepcional. Tal vez pueda hacer algo por mí», y le dijo:

—Mi mente está agitada. ¿Puedes mostrarme una forma de aquietarla?

—Ven a verme solo a las cuatro de la mañana; acuérdate de no venir acompañado. Haré que te sientas en paz —le propuso Bodhidharma.

Al oír esto, el emperador se sorprendido aún más. Le parecía un monje sumamente extraño. «He pedido esto mismo a otros monjes y aunque hablan mucho, ninguno me dice que hará que me sienta en paz».

Cuando el emperador se marchó y estaba bajando las escaleras, Bodhidharma lo llamó:

—Asegúrate de traer tu mente cuando vengas, no te la dejes en casa, porque si acudes con la cabeza vacía, ¿qué voy a aquietar? Trae la mente y la calmaré; si no, puedes venir más tarde por la mañana. Hay locos que se me acercan diciéndome que desean tener paz mental, yo les invito a visitarme y cuando acuden lo hacen con las manos vacías, no traen la mente, de modo que te recomiendo que no te la olvides.

Wu estaba incluso más sorprendido si cabe. Pensó: «Cuando regrese, naturalmente que traeré la mente. ¿Qué quiere decir con eso?».

A primera hora de la mañana, el emperador seguía pensando en la extraña recomendación mientras se dirigía a visitar al sabio. En el momento de su llegada, Bodhidharma le preguntó:

—¿La has traído?, ¿has traído la mente?

—¿De qué estás hablando? Mi mente forma parte de mí —respondió Wu.

—Entonces, cierra los ojos y búscala. ¿Dónde está? Si puedes encontrarla la serenaré, pero si no la encuentras, ¿qué puedo hacer? —señaló Bodhidharma.

Aunque el emperador se esforzó en encontrarla, al cerrar los ojos y buscarla, se dio cuenta de que no podía hallarla por ninguna parte. Buscó y buscó pero ahí no había mente, solo un absoluto silencio. Finalmente, abrió los ojos y dijo:

—Estoy en un atolladero. No hay nada que encontrar.

—Ya se ha apaciguado. ¿Cómo podría alterarse algo que ni siquiera puede encontrarse? —afirmó Bodhidharma.

En realidad, nunca has mirado en tu interior. El estar fuera de ti mismo es el origen de la mente, si te vuelves hacia dentro para buscarla, no la encuentras. El estar fuera de ti mismo es el origen de tu «yo»; si miras en tu interior, te darás cuenta de que no hay un «yo» ni un «mí»; el «yo» constituye la sombra que se forma al vivir de forma extravertida. Dado que estás constantemente saliendo de ti mismo las veinticuatro horas del día, se crea una sombra que te produce la impresión de un «yo».

Seguramente habrás observado que cuando caminas por un sendero te sigue tu sombra. ¿Crees que esa misma sombra que comienza a seguirte desde el primer paso continúa detrás al cabo de una hora?

No te sigue la misma sombra, sino que está cambiando todo el tiempo. ¿Cómo podría seguirte la misma sombra? Te iluminan nuevos rayos de luz y van creándose nuevas sombras en cada instante. Al caminar un poco se forma una sombra que no es la misma del principio. Si caminas durante una hora, estará formándose una sombra cada segundo y al cabo de ese tiempo dirás que te ha seguido tu sombra. Pues bien, se trata de una afirmación completamente falsa. No es una misma sombra. La sombra se renueva en cada instante. No está siguiéndote ninguna sombra. Cuando te expones al sol, se forma una sombra en cada momento. Si empiezas a caminar, se creará una, si avanzas un poco más, se creará otra y si sigues adelante, se creará una tercera sombra. A medida que avances, irán formándose nuevas sombras. No te sigue ninguna.

Del mismo modo, en el mundo exterior estamos constantemente ocupados con las actividades diarias y en medio de esa actividad se genera una sombra que no deja de cambiar. Dado que no podemos percibir ese cambio constante, surge la ilusión de que se trata del «yo». La ilusión del «yo soy», la sensación de «yo soy» constituye la sombra que nace de la interacción con el mundo exterior. Comenzamos a aferrarnos al «yo».

Mira en tu interior y no encontrarás ningún «yo». No importa cuánto busques, ahí no podrás encontrar ningún yo. No existe ninguna sombra. No existe ninguna actividad. No existe ninguna relación con nadie. No existe ningún sol por el cual pueda formarse una sombra; al salir de casa, se genera una sombra y al entrar, esta desaparece.

Imaginemos que una persona ha estado deambulando por ahí durante una hora. Si más tarde al regresar a casa dice: «Sigue persiguiéndome una sombra» y me pide que le diga dónde está, le informaré de que no hay ninguna sombra dentro de la casa: la sombra se produce solo en el exterior.

La sensación del «yo» o lo «mío» constituye una sombra nacida de la relación con los demás. Solo cuando te veo, siento que estás ahí. Cuando veo el mundo entero, veo a sus habitantes y gracias a ellos yo también existo. La sombra o sensación del «yo» surge a causa del «tú». Cuando hay un «tú» hay un «yo», pero si miro en mi interior no hay un «tú» y cuando no hay un «tú», ¿cómo puede haber un «yo»?

¿Entiendes lo que digo? Cuando el «yo» se halla frente al «tú», se crea una sensación de «yo» a causa del «tú». Cuando no hay un «tú», ¿cómo podría originarse un «yo»? En la ausencia de «tú», el «yo» no surge.

No hay un «yo». Nos pasamos la vida fuera de nosotros mismos, de modo que sentimos que hay un «yo». Comenzamos a desarrollar una sombra, un «yo» que es completamente imaginario, un «yo» que ha nacido a causa de un «tú», como reacción al «tú», una sombra nacida de las relaciones externas. Esa sombra debería tener una posición alta, riquezas, una casa grande, esto y lo otro. Nos pasamos la vida manteniendo un «yo» que es completamente imaginario y falso, y que es tan solo un eco del «tú».

Estamos abocados al fracaso. Si alguien viste a su sombra, le construye una vivienda y acumula riqueza para ella, finalmente, descubrirá que no existe ninguna sombra y que todo se ha dejado atrás. El dolor y la angustia se apoderan de su mente y aparece el sufrimiento, el descontento y un sentimiento de decepción y frustración.

Te animo a penetrar en la sombra «yo» que ha brotado del «tú» y eches un vistazo. No preguntes: «¿Quién soy?», sino «¿dónde estoy?»; en esa búsqueda descubrirás que el «yo» no está en ningún sitio. Si «yo» no estoy en ningún sitio, en tu vida tendrá lugar una transformación; las acciones dirigidas a satisfacer ese «yo» te parecerán fútiles. Ganar una posición para el «yo», acumular riquezas para el «yo» e incluso el acto de renunciar al «yo» no tendrán sentido. Es inútil hacer algo por una entidad que no existe.

No hay nada más incierto, no hay nada más ilusorio, no hay nada más falso que el «yo». El «yo» constituye la única ilusión que existe.

Si el «yo» desaparece, si no puedes encontrarlo, ¿qué sucede? Lo que percibes entonces es la verdad, el alma, la divinidad. Cuando la sombra, el «yo» desaparece, lo que percibes es la verdad, tu naturaleza innata, tu auténtico ser, tu alma, tu ser esencial.

Con objeto de eliminar el «yo» no es necesario cambiarte de ropa ni renunciar a la riqueza, sino indagar sobre la existencia de ese «yo». Si el «yo» del que quieres despojarte no está, deshacerte de él es una locura. Lo único que tienes que saber es si el «yo» existe o no. Si no hay un «yo», no tiene sentido desprenderte de él.

Por esta razón, afirmo que no es posible desembarazarse del ego. Quien lo abandone, estará lleno de un ego aún más sólido. Estará luchando contra una sombra, peleándose con algo inexistente. Lo que no existe no puede vencerse combatiéndolo. Esa persona será derrotada por algo inexistente.

Trata de entender mis palabras. Si luchas contra algo que no existe, estás abocado a la derrota porque no puede vencerse algo inexistente. Al final descubrirás que has perdido. Lo que se necesita realmente es verificar la existencia del «yo». Antes de comenzar a plantearte vivir sin ego, deberías saber dónde se encuentra. ¿Está en alguna parte?

Quienes buscan en su interior serenamente no encuentran nada. En la meditación, en un estado de paz, en la simplicidad de la mente no puede hallarse el ego. Cuando no puede encontrarse nada, tiene lugar una transformación en la vida, y la conducta diaria

que estaba basada en el ego comienza a fundamentarse en la realidad última. Todas las acciones se centraban en torno al ego. Cuando
ese centro se disuelve, el mundo se transforma y la gente cambia.
Nace otra persona y su actividad cotidiana comienza a encaminarse
hacia la realidad última. El ego deja de ser el centro y comienza a
ocuparlo la realidad última, el alma, la existencia. Esa persona deja
de actuar para satisfacer al ego y la acción se convierte en un don
del alma, un compartir del ser, una dispersión, una difusión.

El ego acumula y el no ego comparte. A las acciones que proceden de la ausencia de ego las considero caritativas. No puede
haber caridad en las acciones que están repletas de ego. Se trata de
exigencias: alguien demanda algo. Alguien con ego exige y alguien
sin ego comparte. Esta es la razón por la que mientras albergues una
noción de ego, no puedes ser caritativo. Tu caridad será solo una
exigencia. Si construyes un templo, pensarás que serás recompensa-
do en el cielo por esa acción. Si alimentas a un monje o le das limosna, en tu mente albergarás la idea de que deberías ser recom-
pensado en la siguiente vida por el mérito de esa acción. Lo que
quiera que hagas, si renuncias a algo, en tu mente sentirás que deberías alcanzar la liberación. Mientras quede algún residuo de ego en
ti, no importa lo que hagas, siempre habrá una exigencia detrás.
Estarás motivado por el ánimo de lucro, la obtención de ganancias.

Hasta que no se produce la disolución del ego, no existe la caridad. Solo cuando hay ausencia de ego son posibles los actos cari-
tativos. En esa circunstancia todo lo que hagas será una acción ge-
nerosa porque esa exigencia interna ya no estará presente. Solo se
produce un soltar y un compartir. Esto es a lo que llamo la sensación de vacío. La sensación de vacío es sannyas; el vacío del «yo»
constituye el tercer paso para el despertar. Cuando busques el «yo» descubrirás que no está; el «yo» está vacío.

Así pues, he hablado acerca de tres pasos: la libertad de la conciencia, la simplicidad de la mente y el vacío mental. Si estas tres
joyas pueden encontrar un espacio en tu vida, algo nacerá de esa
combinación, y a eso se llama iluminación. La iluminación consti-

tuye la puerta a la verdad. La iluminación es la puerta al ser. La iluminación es la puerta a la vida suprema. Solo mediante la iluminación te encontrarás cara a cara con el éxtasis, con la luz, con la dicha. Solo después de alcanzar la iluminación una persona se vuelve agradecida y dichosa. Quien no la haya logrado, puede considerarse muerto; quien no la haya obtenido, puede considerarse en la tumba; quien no la haya conquistado, debería entender que ya está enterrado. Su vida será inútil y carente de significado. No tendrá sentido; no valdrá la pena, no habrá gratitud en ella.

Llamo religión a la forma de encaminar la vida hacia el significado y la gratitud. La religiosidad implica alcanzar la iluminación; de hecho, la religiosidad y la iluminación son la misma cosa. La religiosidad es nuestra propia naturaleza esencial y a través de la iluminación es posible percibirla, encontrarla y experimentarla.

Bienaventurados los pocos que alcanzan la iluminación. Solo ellos están vivos, el resto de la gente no existe, son solo sombras. Quienes creen en las sombras son solo sombras. Quien cree en la reacción, la arrogancia y el ego es solamente una sombra. No creas en sombras, no te aferres a ellas.

Existen dos formas de aferrarse a la sombra. El individuo que busca satisfacción en la gratificación sensual persigue placeres para la sombra. Y el asceta que se prepara para la renuncia actúa como reacción a los placeres sensuales. Ambos están locos. Si algo es solamente una sombra, ni la complacencia ni la renuncia tienen sentido.

Cuando conoces la sombra, esta desaparece. No se produce ni complacencia ni renuncia, ni aferramiento ni abandono. Se trata de un estado que trasciende tanto la complacencia como la renuncia. Cuando hay atracción o rechazo existe una creencia en la sombra. Tanto la persona que atesora riqueza como la que prescinde de ella consideran verdadera la riqueza. Tanto el hombre que persigue a las mujeres como el que huye de ellas considera verdaderas a las mujeres. En ambos casos se trata de creyentes; uno se inclina hacia la atracción y el otro la rechaza; uno persigue la sombra y el otro se escapa de ella, pero ambos creen en la sombra. Creen en el «yo» inexistente. Ambos se equivocan. Solamente está en lo correcto quien ha trascendido las atracciones y aversiones.

Esto significa que cuando no se producen atracciones ni aversiones, la sombra se ha dispersado. Ni tienes que seguir a nadie ni tienes que escapar de nada. No hay nadie al que seguir ni nadie de quien huir. Aquel que persigue algo también está huyendo de sí mismo; aquel que huye de alguien, también está escapando de algún aspecto de sí mismo. Aquel que ni persigue ni huye de nada está arraigado en sí mismo. Estar arraigado en uno mismo es la verdad; estar en uno mismo es la religiosidad; estar en uno mismo es habitar el alma; estar en uno mismo es alcanzar lo divino.

Pues bien, de todas estas cosas he hablado durante los últimos tres días. Tal vez, algunas de mis palabras se conviertan en semillas y germinen en ti; tal vez, se conviertan en una percepción interna; ruego a la existencia que así sea.

Me siento sumamente agradecido con todos vosotros por haber escuchado mis charlas con tanto amor y paz. Me inclino al buda que mora en vuestro interior. Por favor, aceptad mis saludos.

ACERCA DE OSHO

Osho desafía cualquier categorización. Sus miles de charlas abarcan todo, desde la búsqueda individual de sentido hasta los más urgentes temas sociales y políticos de la sociedad actual. Sus libros no han sido escritos, sino que son transcripciones de grabaciones sonoras y vídeos de sus charlas improvisadas impartidas ante audiencias internacionales. Él mismo explica sobre sus charlas: «Recordad: todo lo que estoy diciendo no va dirigido solo a vosotros... También estoy hablando a las generaciones futuras».

El *Sunday Times* de Londres ha descrito a Osho como uno de los «mil artífices del siglo xx», y el autor norteamericano Tom Robbins le ha calificado como «el hombre más peligroso desde Jesucristo».

Acerca de su propia obra, Osho ha dicho que está ayudando a crear las condiciones para el nacimiento d e un nuevo tipo de ser humano. Suele tipificar a este nuevo ser humano como «Zorba el Buda», capaz de disfrutar tanto de los placeres terrenales como un Zorba el griego, como de la silenciosa serenidad de un Gautama el Buda. Discurriendo como un hilo conductor, a lo largo de la obra de Osho hay una visión que abarca la sabiduría eterna de Oriente y el potencial más elevado de la ciencia y tecnología occidentales.

Osho también es famoso por su revolucionaria contribución a la ciencia de la transformación interior, con un enfoque de la meditación que tiene en cuenta el ritmo acelerado de la vida contemporánea. Sus incomparables «Meditaciones Activas Osho» están diseñadas para, en primer lugar, liberar las tensiones acumuladas en cuerpo y mente, de manera que resulte más fácil incorporar a la vida cotidiana una experiencia del estado relajado y libre de pensamientos de la meditación.

Existe una obra de carácter autobiográfico titulada *Autobiografía de un místico espiritualmente incorrecto* (Kairós, 2001).

OSHO INTERNATIONAL MEDITATION RESORT

www.osho.com/meditationresort

SITUACIÓN: Situado a 160 kilómetros de Mumbai, en la moderna y próspera ciudad de Pune, en India, el Resort de Meditación Osho International es un maravilloso lugar para pasar las vacaciones. El Resort de Meditación se extiende sobre una superficie de más de 16 hectáreas, en una zona poblada de árboles conocida como Koregaon Park.

SINGULARIDAD: El centro ofrece diversos programas a los miles de personas que acuden a él todos los años procedentes de más de cien países. Es un maravilloso lugar para pasar las vacaciones y donde las personas pueden tener una experiencia directa y personal con una nueva forma de vivir, con una actitud más atenta, relajada y divertida. Durante todo el año se ofrecen sesiones individuales y talleres de grupo junto con un programa diario de meditaciones. ¡Relajarte sin tener que hacer nada es una de ellas! Todos los programas se basan en la visión de Osho de «Zorba el Buda», un ser humano cualitativamente nuevo, capaz de participar con creatividad en la vida cotidiana y de relajarse con el silencio y la meditación.

MEDITACIONES OSHO: Un programa diario de meditaciones para cada tipo de persona que incluye métodos activos y pasivos, tradicionales y revolucionarios, y particularmente las Meditaciones Activas Osho™. Las meditaciones tienen lugar en la sala de meditación más grande del mundo, el Auditorio Osho.

OSHO MULTIVERSITY: Acceso a sesiones individuales, cursos y talleres, que abarcan desde las artes creativas hasta los tratamientos holísticos, pasando por la transformación y terapia personales, las ciencias esotéricas, el enfoque zen de los deportes y otras actividades recreativas, problemas de relación y transiciones vitales importantes para hombres y mujeres. El secreto del éxito de la Osho Multiversity reside en el hecho de que todos los programas se complementan con meditación, apoyo y la comprensión de que, como seres humanos, somos mucho más que una suma de todas las partes.

Spa Basho: El lujoso Spa Basho dispone de una piscina al aire libre rodeada de árboles y de un jardín tropical. Un singular y amplio jacuzzi, saunas, gimnasio, pistas de tenis..., todo ello realzado por la belleza su entorno.

Restauración: Los cafés y restaurantes al aire libre del Resort de Meditación sirven cocina tradicional hindú y platos internacionales, todos ellos confeccionados con vegetales ecológicos cultivados en la granja del Resort de Meditación. El pan y las tartas se elaboran en el horno del Resort.

Vida nocturna: Por la noche hay muchos eventos entre los que elegir, ¡y el baile está en el primer lugar de la lista! Hay también otras actividades como la meditación de luna llena bajo las estrellas, espectáculos, conciertos de música y meditaciones para la vida diaria. O, simplemente, puedes disfrutar encontrándote con gente en el Plaza Café, o paseando por la noche en la tranquilidad de los jardines en un entorno de ensueño.

Servicios: En la Galería encontrarás productos básicos y artículos de perfumería. En la Multimedia Gallery se puede adquirir un amplio abanico de productos Osho. En el campus encontrarás también un banco, una agencia de viajes y un ciber-café. Si estás interesado en hacer compras, en Pune encontrarás desde productos tradicionales y étnicos indios hasta todas las franquicias internacionales.

Alojamiento: Puedes alojarte en las elegantes habitaciones del Osho Guest-house, o bien optar por un paquete del programa Osho

Living-in, si se trata de una estancia más larga. Además, hay una gran variedad de hoteles y apartamentos con todos los servicios en las proximidades.

www.osho.com/meditationresort
www.osho.com/guesthouse
www.osho.com/livingin

www.osho.com

Un amplio sitio web en varias lenguas, que ofrece una revista,
libros OSHO y OSHO Talks en formato audio y vídeo,
la Biblioteca OSHO con el archivo completo de los textos
originales en inglés e hindi y una amplia información sobre
las meditaciones OSHO.
Además, encontrarás el programa actualizado de la Multiversidad
OSHO e información sobre el Resort de Meditación
Osho Internacional.

YouTube: http://www.youtube.com/oshointernational
Facebook: http://www.facebook.com/OSHO.International
Twitter: http://www.Twitter.com/OSHOtimes
Newsletter: http://OSHO.com/newsletters

OSHO INTERNATIONAL
e-mail: oshointernational@oshointernational.com
www.osho.com/oshointernational

Para otras obras de Osho en castellano, visita nuestra página web

w w w . a l f a o m e g a . e s